IL FAUT ENFIN QUE JE TE DISE
...

LETTRES CROISÉES

Kaouther Adimi
Denis Baronnet
Arnaud Cathrine
Mai Lan Chapiron
Clou
Béatrice Fontanel
Gary Ghislain
Philippe Lechermeier
Alain Mabanckou
Ben Mazué
Scholastique Mukasonga
Makenzy Orcel
Dorothée Piatek
Blandine Rinkel
Michael Roch
Amélie Sarn

en écho à dix-neuf voix
adolescentes

ISBN
978-2-02154-792-4

Responsable éditoriale
Angèle Cambournac

Fabrication
Annie-Laurie Clément

Design graphique
Cyriac Allard

www.seuil.com

19 novembre 1957

Cher Monsieur Germain,

[...] Sans vous, sans cette main affectueuse que vous avez tendue au petit enfant pauvre que j'étais, sans votre enseignement, et votre exemple, rien de tout cela ne serait arrivé. Je ne me fais pas un monde de cette sorte d'honneur mais celui-là est du moins une occasion pour vous dire ce que vous avez été, et êtes toujours pour moi, et pour vous assurer que vos efforts, votre travail et le cœur généreux que vous y mettiez sont toujours vivants chez un de vos petits écoliers qui, malgré l'âge, n'a pas cessé d'être votre reconnaissant élève.

Albert Camus

Extrait de la lettre envoyée à son instituteur peu après avoir reçu le prix Nobel de littérature.

Introduction

Nous sommes des êtres issus d'un passé, des êtres en devenir, des êtres de transmission. Qu'importe notre âge, qu'importe le lieu d'où nous venons, qu'importent les identités que nous portons. En créant des espaces de rencontre, des ateliers d'écriture, Le Seuil Jeunesse et Le Labo des histoires ont voulu mettre en relation des adultes et des jeunes aux histoires différentes, et offrir à ces derniers un espace d'expression singulier mais aussi un espace commun de partage. Chacun des sept auteurs ayant animé ces ateliers a écrit une lettre qu'il n'avait jamais osé ou pu écrire auparavant puis a accompagné deux groupes de jeunes dans l'écriture d'une lettre sur le même thème. Une lettre comme un espace de liberté, l'occasion d'exprimer, enfin, une émotion, une idée, quelque chose qui s'est écrit à l'intérieur de soi. En choisissant de publier une sélection de ces lettres, nous avons voulu refléter la diversité des publics rencontrés, donner de la visibilité aux mots que nous ont confiés ces jeunes - notamment ceux qui sont le plus éloignés des pratiques de l'écriture, aux parcours parfois chaotiques, qu'on entend trop peu - et mettre en valeur ces voix adolescentes. À celles-ci se joignent celles d'autrices et d'auteurs qui se sont également prêtés au jeu et nous offrent une savoureuse diversité de voix littéraires. Tous ces mots sont précieux ; nous vous les confions.

Seuil Jeunesse
& Labo des histoires

Introduction

« La lettre que j'ose enfin écrire », tout un programme ! J'imagine déjà tout ce que chacun d'entre vous pourrait écrire. C'est faussement évident, n'est-ce pas ? Me sont d'abord revenus en mémoire des amours de jeunesse ou plutôt les amours à peine effleurés, ces histoires débutées et évaporées sans qu'on sache trop pourquoi. J'ai ensuite pensé aux regrets et aux amis perdus, aux brouilles inexplicables. Peut-être aussi, ici et là, y aura-t-il une lettre à un parent, des reproches, des hommages (et souvent, les reproches sont des hommages). Oui, j'ai imaginé tout cela : une lettre à un homme aimé fugacement, à un ami perdu mais qui, je le sais, pense à moi comme je pense à lui, à un parent avec qui on ne se comprend plus, au frère dont je suis si fière. Une lettre que je n'ai jamais osé écrire, à bien y penser, quelle formidable opportunité de raconter quelque chose d'autre, de dire merci. J'ai voulu alors écrire à une personne que je connais peu mais qui me connaît bien, que je rencontre encore et encore depuis plus de dix ans comme une conversation dont on reprendrait le fil à chaque fois. Il fait un drôle de métier et il le fait avec passion et gentillesse. J'ai eu envie de parler de lui parce qu'il m'a ouvert la porte, et m'a aidée à trouver des équilibres dans un monde qui n'a eu de cesse d'essayer de me faire tomber. Écrivez aux gens que vous aimez et qui vous aiment, écrivez à ceux qui vous voient mieux que vous ne l'êtes, qui ont les plus beaux projets pour vous, écrivez comme vous voudriez qu'on vous écrive et qu'on vous raconte. Oui, écrivez à ceux que vous aimez. Ce sont souvent ces lettres-là qu'on n'ose pas adresser.

Kaouther Adimi

Nous avons toutes et tous, au fond de nous, cette lettre qu'on n'a jamais osé écrire. Je serais heureux de lire les vôtres et, en attendant ce plaisir, j'ai enfin pris le courage de vous dévoiler la mienne. Je l'ai portée dans ma tête, je l'ai rangée dans mes souvenirs les plus chers, je l'ai recommencée mille fois parce que je voulais que les images soient fidèles, qu'elles montrent vraiment cette complicité que j'avais eue avec cet adolescent algérien, Lounès, que j'avais rencontré à Alger avec ses parents. Nous avions parlé de tout, mais surtout du rêve de Lounès de devenir un jour un écrivain et un médecin. Pourquoi je m'en veux presque de ne pas avoir rédigé cette missive ? Sans doute parce que je pensais à tort que Lounès ne la lirait pas, qu'il s'imaginerait que j'aurais dévoilé nos « petits secrets ».
Vous aussi, vous verrez que lorsque vous serez sur le point de rédiger votre lettre, vous serez traversés par cette tristesse qui m'habite au moment où défilent devant moi ces instants de bonheur. Je vous la confie donc, elle est désormais votre lettre, inspirez-vous-en, lisez-la comme une expression de l'amitié, de l'admiration et de la fidélité à l'égard des personnes que vous avez rencontrées et qui vous auront marqués.

Alain Mabanckou

LETTRES CROISÉES

D'ADOS ET D'ADULTES

LETTRES CROISÉES

D'ADOS ET D'ADULTES

LETTRES CROISÉES

D'ADOS ET D'ADULTES

24 ANS

VALENTIN

Ma petite maman,

Les mots me manquent parfois lorsqu'on se voit, ils me manquent ces mots… Ceux que tu me disais parfois le soir lorsque j'étais petit, dans notre maison, côte à côte, cœur à cœur, les yeux dans les yeux, tu me disais… Tu me disais que… que tu m'aimais jusqu'à la lune et retour, puis, en baissant le regard, que seule la mort pouvait nous séparer.

Je pense qu'aujourd'hui cet amour a voyagé plus loin dans l'univers, proche du soleil. Là peut être la cause de nos communications brouillées. Pourtant, je perçois toujours des bribes de signaux dans tes yeux, telles des pulsations. Les miens tentent alors de te répondre, mais les rayons perçants du soleil heurtent sans vergogne mes pupilles si fragiles. Tu te rappelles ? Le soleil, ce surnom si bien trouvé pour mon père, ton mari qui, tel un astre en fusion supermassif, attire et dévore tout sur sa route, pour faire briller son aura ? Pour se mettre en valeur ? Pour rendre l'autre plus petit ?

Enfin, tout cela pour te dire que je ne veux plus m'approcher du soleil. Je suis désolé, il m'a presque consumé fut une époque, et la seule évocation de son nom me fait frémir. Mais aussi t'avouer que j'admire tant de te voir encore graviter autour de lui, de constater la force que tu déploies pour résorber sa voracité dans le but de nous protéger des vents solaires. Tu as tellement de courage.

C'est pour ça que...
Que j'écris cette lettre aujourd'hui, pour émettre un signal plus fort, pour qu'à la fin de cette rédaction il prenne les courants ascendants, qu'une fois sur la route il gagne de la vitesse, toujours plus, à en transpercer la galaxie, qu'il nage dans la Voie lactée et, finalement, revienne aussi vite que la lumière pour contourner le soleil. Alors, ce message ne sera plus très loin, il te dira que je suis là, comme tu l'as toujours fait pour moi, et que pour toutes tes causes, j'aurais le rôle de prendre l'amour depuis la lune, pour te le rendre dans tes combats, jusqu'à ta dernière lueur.
Tu as dans mon univers une place toute particulière.
Merci d'être là, je t'aime maman.

Valentin

37 ANS

KAOUTHER ADIMI

Madame Kaouther ADIMI
Éditions du Seuil,
57, rue Gaston Tessier
75019 Paris

Monsieur Jean-Claude le Grand
Directeur des Ressources Humaines

Paris, le 29 octobre 2023,

Objet : Lettre de démission

Cher Jean-Claude,

J'ai reçu la semaine dernière un exemplaire de mon nouveau contrat de travail et j'ai été interpellée par l'article 9, intitulé « Exclusivité », qui stipule que je m'engage à consacrer tout mon temps de travail au profit exclusif de la Société, et ne pourrai donc exercer aucune autre activité professionnelle (rémunérée ou non) pendant la durée du présent contrat, sauf accord préalable exprès et écrit de la Société.

En ce dimanche d'automne, je me permets donc de t'adresser ma lettre de démission. Je t'écris ces quelques mots depuis la table de la salle à manger où j'aime travailler après le déjeuner. De ma fenêtre, j'aperçois les arbres, aux branches dépourvues de feuilles, déjà. Le ciel dehors est gris, les nuages sont lourds, la chaleur suffocante. Mon fils de 4 ans guette la pluie à travers la fenêtre. Il râle. La météo annonçait une journée de pluie et à cause de cela, j'ai annulé notre sortie au Jardin des plantes, mais depuis ce matin, pas une goutte de pluie n'est tombée. Je ne désespère pas que la météo ne finisse par tenir ses promesses. Mon fils non plus. Il vient de déclarer : « Dommage que papa soit en déplacement aujourd'hui. » Et je sais ce qu'il sous-entend : son père, lui, aurait maintenu la sortie. Il ne se serait jamais fié aux pronostics. Il aurait hissé l'enfant sur les épaules et l'aurait emmené en balade.

Je ne suis pas comme ça. Moi, j'aime les risques mesurés. Je suis une adepte de la saine inquiétude. Prévoir tout ce qui pourrait mal se passer, et anticiper donc le petit grain de sable qui viendrait enrayer la machine, la mettre à plat - me mettre à plat. Il n'y a que lorsque j'écris que le risque n'est plus un paramètre et devient même un enjeu. Un écrivain qui ne prend pas de risque est un touriste de la langue, un réchauffeur de mots.

Depuis une vingtaine d'années, j'ai tenté toutes les possibilités. J'ai travaillé le jour et écrit la nuit. J'ai écrit le jour et travaillé la nuit. J'ai arrêté d'écrire pour travailler et arrêté de travailler pour écrire. Je me suis raccrochée à Kafka qui a été employé de bureau jusqu'à sa mort en 1922, traitant les dossiers des accidents du travail de la Bohême, pour le compte de l'office des assurances.

Je n'ai pas plus écrit quand je ne travaillais pas. Je n'ai pas moins travaillé quand j'ai écrit.

Et à vrai dire, j'ai toujours écrit même quand je cessais d'écrire. Même avant de commencer à écrire.

Durant plusieurs années, deux affiches ont orné les murs de ma chambre à Alger. Proust et Mauriac. Non pas que j'affectionnais particulièrement ces deux auteurs – je n'en avais lu aucun à ce moment-là –, mais ils étaient tous les deux écrivains et cela suffisait à me donner l'impression qu'un lien nous unissait, comme si nous appartenions à une même communauté.

J'avais trouvé ces affiches dans une vieille caisse qui traînait dans le garage de mes parents. C'était l'été de mes 16 ans, et un tremblement de terre avait causé de nombreux dégâts à Alger et dans les villes voisines. Je m'étais cassé le pied deux semaines auparavant, et les hôpitaux étant surchargés par les blessés du séisme, aucun soignant n'était disponible pour me retirer mon plâtre devenu inutile. Je me retrouvais coincée à la maison, et entre deux répliques sismiques, je fouinais dans le garage. Cette vieille caisse avait été achetée par mon père aux enchères à Grenoble, en 1994, à la veille de notre retour en Algérie et contenait des dizaines d'ouvrages de toutes sortes, ainsi que ces deux affiches. Au moment où je les ai collées sur le mur de ma chambre, je me souviens avoir ressenti un frisson d'excitation. Désormais je me réveillerai, je lirai, j'écrirai et je me coucherai sous l'œil de Proust et de Mauriac.

À cette époque, je pensais que tous les écrivains étaient morts. Et, évidemment, que tous les écrivains étaient des hommes. Alors même que j'écrivais et que bientôt, j'allais commencer à publier, il me semblait normal de conjuguer l'écriture au masculin et au passé. Ce qui, étant une femme et bien vivante, me posait donc un sacré défi.

Et même une fois que j'aurais publié, de manière inconsciente demeurera en moi l'idée qu'un écrivain est avant tout quelqu'un qui, dans le meilleur des cas, se trouve six pieds sous terre et, dans le pire des cas, a la courtoisie de ne pas apparaître dans ses livres.

J'ai donc choisi d'avoir « un vrai travail ».

Lorsque bien des années plus tard, j'ai réussi à « vivre de l'écriture » (ce qui, en vérité, consiste à « vivre de la lecture » que des gens font de mes livres) », il m'a semblé que cet « autre » travail était la clé de mon équilibre, qu'il me permettrait d'être libre, en tant que femme et en tant qu'écrivaine et scénariste. Qu'il me donnerait la possibilité de choisir mes projets, mes temps d'écriture. Que je n'aurais ainsi jamais à me forcer à signer des contrats d'édition ou de cinéma.

Dans cette étrange organisation, j'ai vécu « le bureau » comme un lien avec le monde réel. Si Kafka a beaucoup écrit sur son travail, en positif comme en négatif, il a dit cette phrase qui, je le crois résume bien mon sentiment, « Puis viennent d'autres moments, où je tiens relativement les deux en balance, surtout lorsque j'ai mal travaillé à la maison ».

Cher Jean-Claude, voici donc une lettre de démission, qui n'en est pas réellement une, si tu consentais à me laisser déroger à l'article 9 pour que je puisse continuer à « mal travailler » à la maison.

Kaouther Adimi

18 ANS

ROXANE CAMBILLAU

Lettre à la peur,

Je sens une odeur nauséabonde,
Celle d'une souffrance immonde.
Je t'écris pour te tuer,
Pour t'éventrer, te détruire,
Ta nuque sera brisée.

Je n'écrirai pas « chère peur »
Je ne dirai pas ces maux d'amour à celle
qui est la cause de ma terreur.
Je revois mon lit trempé de larmes de désespoir,
Je me revois essayant de calmer mon angoisse
dans le noir.

Je te dirai d'aller te faire voir,
Je te dirai que tu ne mérites pas le jaune du soleil.
Tu n'es rien que la couleur des ténèbres d'un soir
Torturé. Je ne peux plus dormir et je veille.

Tu as toujours été là, cachée dans le coin
de ma chambre,
Morte, dévastée par ta venue impromptue.
Ah ! Tes yeux couleur ambre
Sondent mon âme et à petits feux me tuent.

Un fauteuil noir où tu t'assoies,
Tu t'assures que je suis bien torturée.
Tu adores m'entendre pleurer,
Parfois te supplier dans mes draps de soie.

J'ai peur de dire tout ça,
Tu vois, tu es toujours là,
Dans chaque mot,
Dans tous mes maux.

Quand je t'écoute j'entends une voix éraillée,
Qui m'effraie et m'empêche d'avancer
Dans cet amas de boue,
Tu me répètes de m'arrêter et de ne pas aller
au bout.

Je ne dois pas te dire que je veux que tu crèves,
Mais il faut que je fasse un choix entre moi et
cette boule au ventre,
C'est moi que je choisis dans mes rêves.
Mais dans la morbide réalité, même si les portes
de mon esprit sont fermées, tu entres.

Je sens ton souffle à côté de ma peau nue,
Tu t'incrustes dans mes pores,
Jamais tu ne ressors.
Alors j'ai écrit et j'ai vu.

Je vois la morose réalité,
Tu ne partiras jamais,
Mais je vais te dire une dernière chose,
Je vais faire une dernière pause.

Tout est de ta faute et mon Dieu qu'est-ce que
j'ai envie que tu te fasses buter par ma raison,
Que mon corps ne soit plus ta sombre maison.
Et que tu partes en fumée,
Je ne verrai plus en toi la tête de tous ces cons
qui m'ont bouffé de l'intérieur,
[...]

57 ANS

DENIS BARONNET

Histoire de la lettre que je n'avais jamais osé écrire jusqu'à ce que, finalement, j'ose, et de ce qui s'ensuivit

Mi-janvier 2005. Cela fait trois jours que j'ai envoyé les dix-neuf lettres. Le téléphone sonne. Je réponds. Au bout du fil, une voix d'homme. Il m'appelle à propos d'un courrier qu'il a reçu. Le ton de sa voix est affable mais j'y sens de la circonspection. Il est sur ses gardes, comme s'il arrivait dans un espace potentiellement hostile. On sent qu'il prend sur lui de passer ce coup de fil. Il me dit de but en blanc que, d'après les informations que j'ai mises dans le courrier, il ne pense pas être mon père mais on sent qu'il n'en est pas tout à fait certain. Il n'a pas la conscience tranquille, le pauvre. Les faits remontent à presque quarante ans. Il a certainement refait en boucle et en esprit, jusqu'à l'obsession, le chemin de sa vie amoureuse et sexuelle avant de m'appeler. Laquelle des partenaires de sa fougueuse jeunesse aurait-elle pu lui faire un enfant dans le dos ? À l'époque, il n'y avait pas la pilule et puis, il y a les femmes qu'il a pu oublier...

Monsieur,

Je suis à la recherche de mon père dont je ne connais qu'une chose ou presque : le nom, qui se trouve être aussi le vôtre. J'envoie cette lettre à tous les J[redacted] *T*[redacted] *que j'ai trouvés dans l'annuaire. Il y en a dix-neuf, ce qui explique, et je m'en excuse, que vous lisiez une photocopie. Afin de tranquilliser tous ceux que ce courrier ne concerne pas : je suis né le 6 octobre 1966 et ma mère, Claude Baronnet, a rencontré mon père, qui à l'époque était sous-officier dans l'armée de l'air, à Font-Romeu dans les Pyrénées en 1965-66 (?).*

Il doit le savoir, le mec, quand même, s'il était sous-officier dans l'armée de l'air dans les Pyrénées, à l'époque, ou pas ? Je lui redonne les informations. Il réfléchit. Il intègre et finalement se rassure. Il est de Fécamp et il n'a jamais mis les pieds dans les Pyrénées. Cela amenuise sérieusement les chances que sa semence ait pu arroser la région. C'est un raisonnement qu'il aurait pu faire avant, mais l'émotion provoquée par la réception du courrier l'empêchait d'y voir clair, probablement. Il a retrouvé ses esprits maintenant. Le voilà hors de cause. Il n'est pas mon père. Il est soulagé. Ça s'entend. Il devient empathique, me dit que cette histoire le touche, qu'il espère sincèrement que ma quête sera couronnée de succès et raccroche, guilleret, léger, avec le sentiment du devoir accompli, après s'être assuré que le dossier est clos et qu'il ne subsiste aucun malentendu entre nous, sous-entendu : « J'ai été clean, je vous ai appelé, on est bien d'accord qu'à partir de maintenant, c'est chacun chez soi et que je n'aurai plus jamais de vos nouvelles. »

Je lui confirme que tout est ok et le remercie chaleureusement. Je ne sais pas si je le remercie de m'avoir appelé ou de, finalement, ne pas être mon père.

Je tiens aussi à vous tranquilliser si vous êtes la personne que je cherche. Je ne veux ni vous nuire, ni vous demander d'argent, ni vous réclamer quoi que ce soit. Ma démarche n'a rien d'agressif, ni de revanchard ou de revendicateur. Je ne demande rien. Je suis animé du seul désir de me mettre au clair, d'avancer dans ma vie et il m'apparaît comme évident aujourd'hui que je dois, pour cela, aller vers vous [...]

Trente minutes après, sans que j'aie pu digérer ce premier coup de fil, le téléphone sonne à nouveau. Cette fois-ci, c'est une femme qui m'appelle suite au courrier qu'elle a reçu. Elle parle d'une voix douce, empreinte de beaucoup d'empathie, me dit à quel point mon courrier l'a bouleversée et me félicite d'entreprendre cette démarche difficile. Ensuite, elle me dit que son mari est mort l'année dernière, qu'il lui semble peu probable qu'il soit mon père mais ajoute, avec le ton d'une femme qui connaît la vie en général et les hommes en particulier, qu'elle ne peut pas être catégorique, qu'à l'époque ils étaient jeunes mariés, habitaient à Pau et, fait troublant, allaient souvent faire du ski à Font-Romeu. Je lui demande si son mari était militaire. Elle me dit que pas du tout ils étaient tous les deux instituteurs.

Pourquoi avoir attendu si longtemps ? vous demanderez-vous peut-être. J'ai 38 ans et j'ai vécu, jusqu'à quelques années en arrière, une vie de « patachon », assez pénible en fait. J'ai eu beaucoup de mal à prendre mes responsabilités, à « grandir », à affronter ma vie. J'ai passé mon temps à fuir, à me carapater. Il m'arrivait de me dire, dans des moments de détresse, que je devais vous rechercher mais rapidement, j'éludais la question et reprenais ma fuite en avant. C'était au-dessus de mes forces en vérité. Et aujourd'hui, j'ai trouvé l'équilibre et la force nécessaire à l'entreprise de cette démarche salutaire.

À ce moment-là, je crois que nous sommes tous les deux intimement persuadés que le mort est mon père mais que nous ne pourrons jamais en avoir le cœur net, ni elle, ni moi. C'est vrai que c'est troublant cette histoire de ski à Font-Romeu. Le soufflé est retombé avant même d'être monté. La mort m'a volé mes retrouvailles et m'abandonne, en proie à mes incertitudes, au même point. Il y a des blancs dans la conversation. Dans les excuses répétées de la dame, affleurent des sanglots. Je lui dis qu'elle n'a pas à s'excuser, qu'elle n'y est vraiment pour rien [sic]. Elle raccroche en me demandant de la tenir au courant si jamais...

J'ai fait des études de littérature puis je me suis tourné vers le spectacle. J'ai d'abord écrit et joué des spectacles d'humour puis j'ai travaillé dans le milieu du lyrique et enfin je me suis tourné vers le théâtre pour lequel j'écris. [...] J'ai une adorable fille de 14 ans, Eva, qui vit avec sa mère mais que je vois très régulièrement. Il est question qu'elle vienne vivre avec moi à Paris l'année prochaine pour sa rentrée au lycée.

Je reçois plusieurs mails : un garçon de 27 ans me souhaite bon courage dans ma démarche, un vieux monsieur me dit avec beaucoup d'humour qu'il pourrait à la rigueur être mon grand-père et me souhaite lui aussi du succès car, en tant que psychanalyste, il sait à quel point il est important de connaître son histoire.

Je n'ai pas parlé à ma mère de cette lettre puisque c'est elle qui a scellé le secret autour de ma naissance et de mon père, bien qu'elle s'en soit toujours défendue avec un mélange de naïveté et de mauvaise foi. Je l'appelle pour lui demander avec un air entendu si par hasard mon père n'aurait pas été instituteur plutôt que pilote d'hélicoptère. Elle trouve ma question vraiment saugrenue et me demande pourquoi je lui demande cela.

– À cause des mouches, lui réponds-je.

Je vis en couple depuis bientôt cinq ans, avec Delphine qui est professeur d'espagnol. Elle vient d'obtenir son doctorat et enseignera probablement à l'université l'année prochaine. Je suis un homme et un père heureux.

Voilà. En espérant de tout cœur que ce courrier trouvera son destinataire et que celui-ci répondra à mon appel, je vous remercie de votre attention et vous souhaite une excellente année 2005.

Est-ce que c'est le lendemain, est-ce que c'est le surlendemain, je ne sais plus. Le téléphone sonne à nouveau. Je décroche. Une voix d'homme.

– Allô, Denis ?

– Oui.
– C'est ton père à l'appareil !

Le ton est volontaire, catégoriquement affirmatif. C'est lui.

Ma compagne, qui est dans la pièce, a entendu la réplique au travers du combiné. Elle me demande avec les yeux si elle a vraiment entendu ce qu'elle a cru entendre. Je confirme d'un signe de tête. Elle s'éclipse pour me laisser à mon moment historique. Pour être tout à fait honnête, de cette première conversation, je me souviens mal. C'est surtout lui qui parle, ça, je m'en souviens. Il me parle de la lettre, il me parle d'une chanson de Calogero (pas ma tasse de thé, Calogero), il me dit que sa compagne du moment lui a suggéré de demander un test génétique mais qu'il n'en voit pas la nécessité, qu'il sait que je suis son fils ; il parle de lui, de sa carrière internationale, il me parle de mes sœurs, il me parle comme si on se connaissait depuis toujours et… épiphanie ! Le mystère de ma naissance se résout, d'un coup, après quelques minutes. Tout s'éclaire : « Il était marié, c'est aussi simple que ça ! » Moi qui croyais être un peu l'enfant Jésus, je découvre que je suis simplement le fruit d'une liaison adultère. C'est moins chic que d'être le messie mais ça présente l'avantage d'être réel. Il avait 24 ans quand je suis né. C'est jeune, 24 ans (j'en sais quelque chose, c'est l'âge que j'avais quand ma fille est née) et il avait déjà une petite fille avec sa femme légitime. J'apprends qu'il était très amoureux de ma mère à l'époque, qu'il voulait vivre avec elle, s'occuper de moi et que c'est elle qui a disparu des radars et qui nous a privés, lui d'un fils et moi d'un père. Il me demande le contact de ma mère que je lui donne, bien entendu (ils se sont revus, en Espagne, quelque temps après. Je n'ai pas tenu à assister à leurs retrouvailles. Je ne les ai vus ensemble qu'une fois, chez mes beaux-parents, autour du berceau de mon fils Elias, l'année suivante).

À l'issue de notre première conversation, mon père me suggère que nous correspondions par mail en anglais (je vous jure que c'est vrai !) car il aimerait voir un peu comment je me débrouille. Je trouve que c'est une idée étrange mais qu'à cela ne tienne et puis je découvre ce que c'est que d'avoir un père un peu autoritaire ; je n'ose pas le contredire. Plus tard, je lui envoie un premier mail, troussé, dans mon meilleur anglais : « *Dear dad, I'm so glad you answered my letter*, etc. » Quelques minutes après, je réponds au téléphone :

– Qu'est-ce que vous cherchez ? me dit un type agressif, sans se présenter, mais la voix me dit quelque chose.

Quelques secondes d'un dialogue de sourds puis les choses s'éclaircissent. C'est le premier mec qui m'avait appelé, celui de Fécamp, qui vient de recevoir un mail en anglais dans lequel je l'appelle « dad » et me réjouis de nos retrouvailles, en anglais. Effectivement, ça a dû lui faire tout drôle. Il a le même nom que mon père (si vous suivez) et je me suis emmêlé les pinceaux dans la saisie de l'adresse mail. Je lui explique. Il se détend. Fin du malentendu amusant.

Mon père me reconnaît. La mention « père inconnu » est rayée de mon registre d'état civil et une mention manuscrite y est ajoutée, validée par un tampon de l'administration. J'adore avoir un père. Les premiers temps, je dis le plus souvent possible le mot « papa », avec gourmandise.

On se rencontre quelques semaines plus tard. C'est moi qui fais le chemin Paris-Dax. Dans le train, au début tout va bien mais à mesure que je me rapproche, l'appréhension augmente jusqu'à la panique. Je voudrais que le train reparte dans l'autre sens et que la lettre revienne à son expéditeur. Quand j'arrive à destination, je n'en mène pas large. On a échangé des photos et il m'a dit qu'il aurait un petit chien dans les bras. Je le vois, lui, ses Ray-Ban d'aviateur et le petit chien sur le quai en face. J'avale ma salive. Je fais en pilote automatique les derniers mètres qui nous séparent. Est-ce qu'on s'embrasse, est-ce qu'on se prend dans les bras, est-ce qu'on se serre la main ? Je ne m'en souviens plus.

Pour écrire ce texte, je suis allé chercher la lettre au fond d'un carton à chaussures bourré de souvenirs. C'est la lettre originale, écrite à la main, puisque j'ai envoyé des photocopies aux dix-neuf homonymes, aux dix-neuf pères putatifs. En la relisant, je suis agréablement surpris par sa sobriété et par sa présentation soignée. Elle est impeccable. Le papier n'a pas jauni. À la fin, ma signature est recouverte d'un bout de papier blanc. J'ai fait ça à l'époque parce que ça devait être la vingtième version que j'écrivais, en m'appliquant à m'en faire mal aux doigts, que celle-ci était enfin satisfaisante quand j'ai réalisé qu'il n'aurait pas fallu que je signe pour pouvoir au moins apposer une vraie signature sur le courrier photocopié. Les deux feuillets étaient pliés en deux, sans enveloppe, comme ça au milieu d'autres courriers, cartes postales, flyers, photos, places de concert, etc. Maintenant elle est sur mon bureau dans une jolie enveloppe avec écrit dessus : *La lettre que j'ai osé écrire.*

Avec mon père, une fois l'euphorie des retrouvailles passée, ça n'a pas été facile de garder un lien. J'y ai mis du mien ; lui aussi, à sa façon. On s'envoie des mails (en français maintenant), on s'appelle de temps en temps, on se voit une ou deux fois par an. J'ai fini par comprendre que, pour je ne sais quelle raison, c'est moi qui devais relancer la machine. J'ai accepté le deal. Je persévère. Ça vaut le coup, je crois. On s'apprivoise, petit à petit. La mort de ma maman, il y a trois ans nous a rapprochés. Ça fait presque vingt ans maintenant que j'ai envoyé cette lettre.

16 ANS

DENISA

Cher père,

Encore moi, encore ta fille qui ose t'écrire
Cette fois, j'ose tout te dire
Cette fois, je vais t'écrire en rimes
En rimes pour créer une musicalité
Parce que les chansons sont faciles à mémoriser
J'espère que cela sera ta chanson préférée.
Sois attentif aux paroles s'il te plaît.
Je suis ta fille, comme mon certificat
de naissance le dit
Pourquoi pas en réalité ? Cela je ne l'ai jamais compris
Je n'ai jamais compris pourquoi ce n'était pas toi
qui me protégeais quand j'étais petite
Ni qui me conseillais quand j'étais à la limite,
À la limite de renoncer à lutter pour être ta fille
Bref, à la limite de ma vie.
Peut-être qu'un jour tu m'expliqueras ton absence :
indifférence, impuissance ?
Mais peut-être que ce jour-là, pour moi, ça n'aura plus
d'importance
Peut-être que ce jour-là, je n'aurai plus besoin
de ta protection, de ta présence

Et que je te remercierai pour ton absence.
Je vais te remercier car je suis devenue autonome
Et je sais gérer, quoique la vie me donne.
Ces vers ne sont pas là pour te critiquer
C'est juste pour me libérer
Me libérer de la blessure de ton absence.

Avec amour,

Ta fille

50 ANS

ARNAUD CATHRINE

Il y a pas mal de choses que je n'ai jamais osé écrire. Et ce n'est peut-être pas plus mal. Quel genre de « choses » ? Certains secrets, par exemple. Je n'ai rien écrit à leur sujet de peur de les éventer, comme ces parfums qui ne sentent plus rien. Les secrets sont précieux, ils méritent de rester vivaces, intenses, alors je ne les raconte pas, je ne les écris pas. Parce que oui, je te préviens : écrire certaines choses importantes revient souvent à les enterrer, s'en débarrasser. Parfois, c'est tout à fait ce qu'on cherche : éloigner un fantôme qui nous hante, en finir avec un amour perdu qui nous obsède… On a besoin de passer à autre chose : écrire anéantit l'obsession. Mais parfois, on s'ampute tout seul : on perd le fantôme qu'en fin de compte on aimait bien, l'amour perdu avec lequel on aurait souhaité continuer à vivre… Il faut bien réfléchir avant d'écrire. L'écriture est une boîte scellée (je n'ose pas dire un cercueil *mais c'est quand même bien l'idée).*

Désolé : je suis invité à écrire la lettre que je n'ai jamais osé écrire et je fais l'éloge de tout ce que je n'écris pas, je sème la défiance...

Je te rassure, parfois ça ne marche pas du tout, cette histoire de cercueil. Mon premier amour : je l'ai raconté de tellement de façons différentes dans tellement de romans... J'avais la ferme intention de le réduire au silence parce que j'en avais plus que marre d'y penser en permanence, de tout comparer à lui. Échec total. J'ai beau avoir écrit cette histoire encore et encore, elle me revient tout le temps au visage. Aurais-je dû ne jamais oser ? (Ce n'est pas perdu non plus : ça a rejoint des lectrices et des lecteurs, ça en aura touché quelques-unes et quelques-uns, j'espère). (Mais l'histoire ne dit pas si mon premier amour a lu ces livres...)

Et puis, il y a toutes les fois où ça a marché : ces choses que j'ai fini *par écrire, que j'ai* réussi *à écrire et qui m'ont définitivement libéré. Des blessures, des trahisons, des humiliations (il n'y a pas que les fantômes et les amours perdus dans la vie).*

(Je déteste ne pas jouer le jeu quand j'en ai accepté les règles. Or c'est un peu ce que je suis en train de faire. Je voudrais trouver pour cette lettre quelque chose que je n'ai jamais osé écrire. *Un vrai exemple...)*

(Pause)

Je repense à ces types ivres de puissance et si fiers d'eux qui m'insultaient dans la cour du collège et du lycée. Tous les jours. Absolument tous les jours. Les as-tu déjà croisés ? Connais-tu cette angoisse dans la cage thoracique sitôt que tu passes les grilles ? À mon époque, on ne parlait pas de « harcèlement scolaire ». Alors je me disais : « Tu ne sais même pas te défendre. Tu leur donnes raison en ne répliquant jamais. » Dans ma tête, c'était moi le problème. J'ai un peu écrit là-dessus déjà. En revanche, ce que je n'ai jamais osé écrire jusque-là, c'est qu'en début de troisième, découvrant que j'étais dans la classe de deux de mes grands ennemis, j'ai décidé de les amadouer pour devenir leur ami et ainsi les neutraliser (on appelle ça le « syndrome de Stockholm », va voir sur le net, je t'assure que ce n'est pas une solution dans la vie). Ce que je n'ai jamais osé écrire non plus, c'est que neutraliser deux ennemis seulement ne suffisait jamais, il y en avait toujours d'autres qui apparaissaient, et mes nouveaux amis n'étaient en réalité que de faux amis : ils ne me défendaient pas spécialement. Alors j'ai fini par fuir ma ville natale. C'est-à-dire que j'ai demandé à mes parents de me placer en internat dans une autre ville. Je n'ai pas été spécialement heureux dans cette pension, loin de chez moi, mais les hyènes n'étaient plus là pour me tyranniser. C'était une deuxième vie. J'avais une nouvelle peau. Et même si les terminales venaient nous emmerder la nuit (les garçons entre eux, c'est un drôle de truc décidément…), je m'étais fait de vrais potes, on était solidaires entre nous. Ce n'était plus tant un supplice ni une solitude.

Mais pourquoi n'ai-je jamais osé écrire ça ? me demanderas-tu légitimement. Parce que j'en ai eu honte très longtemps. J'avais honte d'avoir dû ruser avec mes harceleurs, puis d'avoir cédé, d'avoir fui, de leur avoir laissé la victoire, de m'être incliné, comme si je leur confirmais en partant que oui : j'étais bel et bien un faible, un rien-du-tout. Aujourd'hui je peux écrire cette honte et l'enterrer parce qu'un mot - harcèlement - est venu m'en décharger.

J'ai commencé cette lettre en affirmant qu'il est bon parfois de ne pas oser. Mais quand il s'agit de la honte de soi, alors là, il faut y aller. Il faut se jeter sur les mots. Crois-moi. Il faut tenter la délivrance. Même tard.

Je ne pensais pas que j'allais te raconter ça. J'avais une tout autre idée au départ. Quoi que j'en dise, il y a toujours quelque chose qu'on fait bien d'oser écrire dans une lettre...

Arnaud CATHRINE

25 ANS

AURORE

À la personne que j'ai le plus détestée,

À toi, l'enfant que j'ai été,
J'ai appris à te haïr.
Mes souvenirs sont flous concernant mes sentiments à ton égard avant cette période sombre de ma vie. Je t'écris donc cette lettre pour me pardonner, pour guérir.

Je t'en voulais car tu ne trouvais pas ta place parmi les autres. Petite fille de 11 ans, tu étais étrange, tu n'entrais pas vraiment dans les rangs. Timide, grande rêveuse, tu passais ton temps à lire de ton côté. Tu n'arrivais pas à t'intéresser à ce que les autres élèves trouvaient amusant. Tu as fini isolée, sans amis et je t'en ai tellement voulu pour ça. Tes camarades de classe se moquaient de toi, ils te faisaient des reproches, ils t'insultaient, ils te pourchassaient. Et je te blâmais.

Sans relâche, j'utilisais leurs mots comme des poignards que je venais planter dans ton cœur.

Je te voyais à travers leurs yeux. Faible, pleurnicharde, naïve, pathétique, peureuse... Ma vision de toi s'est tordue et elle est devenue grotesque au fil des ans. Je ne pouvais plus te supporter. Tu me répugnais. Je t'ai alors enfermée dans un coin de mon cœur. Dans un vain effort, je t'ai jetée aux oubliettes avec l'espoir que tu disparaisses. Quand cela n'a pas fonctionné, je t'ai enfermée, dissimulée des yeux de tous. Je t'ai volé ta voix, j'ai revêtu un masque derrière lequel tu étouffais. Je t'ai blessée encore et encore.

J'ai voulu t'annihiler. Tout comme toi, je n'en pouvais plus. C'était tentant d'en finir une fois pour toutes.

Je suis tellement désolée. Ces mots sonnent faux quand je les écris, quand je les pense. Ils sont pauvres comparés à l'ampleur de mes regrets. Tu étais simplement toi-même et tu as été détestée. Mais ce n'est pas de ta faute. J'ai mis tellement de temps à le réaliser. J'ai internalisé leur haine à ton égard, à mon égard. À force d'entendre leurs insultes, leur poison tous les jours, j'ai fini par y croire.

Je n'avais que 11 ans. Je voulais juste lire des livres, me faire des amies, avoir des bonnes notes en français et en histoire et obtenir de moins bons résultats en mathématiques. J'ai été victime de harcèlement et je me suis crue responsable du tourment que je subissais à l'époque.

Cela fait une décennie depuis cette époque. J'ai 24 ans et je commence tout juste à retrouver confiance en moi. Je m'adresse cette lettre pour m'excuser, pour guérir mais aussi pour me faire une promesse. Ce sera long, et certains jours seront difficiles, mais je vais réapprendre à m'aimer.

[...]

Aurore

41 ANS

MAI LAN CHAPIRON

Coucou ma B.,

Prenons les choses dans l'ordre : prenons soin de toi.

T'es en train de te détruire. En fait, non. C'est lui qui est en train de te détruire. N'aie pas honte, ça arrive à plein de monde, tu es sous emprise. Ce que tu t'infliges est le fruit de violences psychologiques. C'est galère à comprendre pour les autres parce que ça ne se voit pas. Et du coup, t'as l'air folle.

Eh oui, truc de fou. Sous son emprise, t'y crois ? Depuis tout ce temps, alors que vous n'êtes plus ensemble et même malgré 6 000 km de distance, tu restes sous son emprise. Mais qu'est-ce que c'est que ce truc ? Toi ? Ma B. ? La plus forte de nous toutes, la plus grande gueule, la plus pirate, la plus débrouillarde, la plus connasse, la plus renarde ?

Toi ? Sous emprise ? De ce gars qui ne s'intéresse à rien, qui met les pieds sous la table et qui se tape tout Brixton ? Toi ? Alors que tu les fais tous tomber comme des mouches avec ton charisme et ta beauté irradiante ? Sérieux ?

Pardon, j'ai mis un peu trop de temps à comprendre ça. L'emprise.

Mais bon reprenons. Je disais : on s'occupe de toi en premier. Le petit, on verra après, il n'est pas en danger de mort, lui. On te remet sur pied et tu vas le chercher. Comment veux-tu y arriver dans cet état ? Faut que tu reviennes parmi nous. Pour ça, t'as besoin d'aide, personne n'y arrive tout seul. Il y a des centres, plein de façons de s'y prendre, des assos, des groupes anonymes, des maisons de femmes... On va regarder ok ? Le petit n'a pas l'air maltraité là-bas, ça va aller. Je sais, ça rend fou de ne pas le voir mais ne t'inquiète pas, tu vas le retrouver, la vie est longue.

Pardon ma B., c'est ça que j'aurais dû te dire. Timing de merde. Aujourd'hui j'y vois mille fois plus clair. Je me suis documentée. Sous tes airs de reine thug*, tu étais la plus fragile. Évidemment.*

Sous tes rires sonores se cachait un sourire triste. On l'a vu. Sur presque toutes les photos, ça nous est apparu, tout d'un coup. Tu sembles toute petite.

Je t'aime ma B., je repense à ton enfance, à tes débuts dans la vie, au « départ » de ta mère, aux négligences, aux violences aussi. Tout ça laisse des traces, ou plutôt des fossés. Évidemment.

Trop facile.

Trop facile pour lui, avec ta peur de l'abandon, de t'isoler dès la première année.

Je t'ai trouvée chiante de te refermer, de rétrécir ton champ de vision. Je t'ai trouvée chiante de te cloîtrer dans ton nouveau monde, mais j'ai pensé que ton besoin d'appartenance trouvait sa meute. J'ai pensé qu'on était moins alignées par la force des choses, à cause de la distance, du temps qui passe.

Je n'avais encore jamais réalisé : l'emprise. Je viens à peine de comprendre les mécanismes de ce truc, c'est un véritable fléau. Un cauchemar.

La domination.

Depuis que je m'intéresse aux violences, je ne vois plus que ça. Ça me donne le tournis. Combien de personnes sont en détresse, en silence, derrière un sourire, blessées par d'autres qui les ont écrasées hier, qui les écraseront aujourd'hui ou demain ? J'en fais partie, figure-toi.

Je regrette qu'on ne se soit pas parlé, embourbées, chacune de notre côté, dans nos marécages. Je me souviens t'avoir dit, très tôt, des choses que je retrouve dans les bouquins aujourd'hui. Cette certitude d'être le mal soi-même, d'être mauvaise. Ça t'avait fait peur. Tu me l'avais ressorti des années plus tard. Je crois qu'on se parlait malgré tout, dans les rares moments de sérieux, mais qu'aucune de nous ne savait écouter. Un déni commun de survie. On était fières, on était pudiques, on voulait être plus fortes que tout ça. On n'avait pas le temps pour ces conneries.

Je regrette qu'on ne se soit pas écoutées. Ce n'étaient pas des conneries. Tu m'aurais mieux comprise et je t'aurais mieux comprise, ça aurait peut-être tout changé.

Je t'aime ma B., je rêve souvent de toi. Je rêve qu'on se retrouve et qu'on se marre.

J'ai beaucoup cheminé depuis et je regrette, chaque jour, de ne pas pouvoir t'en faire profiter. Je ressasse tout ce que je pourrais dire pour t'aider avec mon nouveau regard, plus éclairé. Je te ferais part de mes lectures et de mes découvertes.

L'autre jour, justement, lors d'une réunion autour des violences conjugales dans une asso à Pantin, mon amie Ghada a évoqué la notion de « suicide forcé », désormais reconnue par le Code pénal.

J'ai eu un frisson. Évidemment.

Amour éternel vers toi et ton petit.

19 ANS

MÉLISSA

Chère Colère,

J'ai enfin trouvé le courage de t'écrire pour te dire que notre relation est finie.

Longtemps, j'ai eu peur de toi mais aujourd'hui je me sens capable de t'affronter et de te dire tes quatre vérités... Colère tu m'as eue ! Je suis tombée dans ton vice et tu ne m'as plus lâchée !

As-tu remarqué que tu évolues comme nous les humains ? J'ai bien vu dans ton jeu.

Au début tu es innocente et pas trop violente, j'arrive à te supporter et te comprendre, donc je pardonne. Et vient un moment où je ne te contrôle plus. Tu te transformes, jusqu'à ce que tu t'empares de moi et que tu finisses par me tuer !

[...]

Te stopper avant que tu ne prennes l'avantage ? IMPOSSIBLE !

Le regret de mes mots et de mes gestes, tu me l'as bien fait ressentir.

S'énerver, pleurer, culpabiliser.

La douleur devient incontrôlable, sans oublier les conséquences physiques : se taper la tête contre le mur, se pincer, tomber malade sans jamais crier.

[...] Cette boule noire qui grandit au plus profond de moi, qui est prête à exploser et à tout casser. Notre relation est toxique ou à sens unique. J'ai ignoré le mal que tu m'as fait par peur que tu me quittes...

Pourquoi j'ai dit ça ? Pourquoi j'ai fait ça ? Tous ces mots qui se mélangent, ça n'a aucun sens, je ferme les yeux et je te vois. Suis-je devenue faible et vulnérable au point de ne pas pouvoir te repousser ? La dépression fait son comeback *:*

Un jour, tu sais, j'ai crié tellement fort que c'est moi que les gens ont regardée comme un monstre.

Un jour, tu sais, j'ai tapé tellement fort que j'ai abîmé ma moitié.

Un jour, tu sais, j'ai pleuré tellement fort que mon cœur s'est arrêté.

Je regarde le plafond, je respire très vite, ma famille, mes amies me manquent, je me sens vide, seule. Je tremble. Je suis assise par terre, seule avec toi à mes côtés. Ça y est, tu as gagné... Mes larmes ont coulé à cause de toi... Colère, tu m'as fatiguée, je n'y croyais plus, la boule noire n'est plus qu'un trou immense, prêt à m'aspirer.

Pourtant, à chaque fois, je l'entends cette petite voix de lumière [...]. Une simple petite fille qui me donnera la foi de rester debout, qui me donnera la force de te dire STOP.

Le temps est un peu passé. J'essaye de garder le sourire, de remonter la pente, mais tu restes là, derrière moi comme une ombre. L'insouciance a pris le dessus, et l'indifférence te déplaît … Je ne dois plus avoir peur ! […]

Les petits détails de la vie, je les laisse derrière moi ; je me détends, je respire et je me dis qu'il y a pire. Mon passé ne se mettra plus en travers de mon futur. […] Laissons le passé derrière nous et pardonnons les erreurs de mes géniteurs.

Je te livre mes sentiments envers toi. Aujourd'hui, Colère, c'est la fin. […]

Tu resteras pour toujours ma plus fidèle alliée. Tu m'as permis de me protéger quand il le fallait, je t'appellerai rarement, mais je sais que tu seras là.

Je te fixerai des limites, je serai froide et distante avec toi. Je ne t'aime plus, je te déteste et je n'ai plus honte de te le dire. Je resterai sur mes gardes, je te préviens !

Tu m'as fait du mal, tu as sali mon image, moi la petite fille joyeuse et souriante. Et cette petite fille joyeuse et souriante, à cause de toi, elle n'existe plus …

Tu ne me laisses pas le choix, je me sépare d'une partie de moi pour en rencontrer une meilleure…

Je suis déterminée à rencontrer le bonheur et avec un amour comme le tien, MALSAIN, je ne pourrai pas. C'est donc pour ça que j'ai décidé de me ressaisir et profiter de la chance que j'ai aujourd'hui.

Réussir pour moi et mes proches ce n'est plus une ambition, c'est Mon Rêve.

Adieu colère.

40 ANS

CLOU

Paris, le 13 juin 2023

Ma chère Geneviève,

J'ai parlé de toi hier à la terrasse d'un café avec maman. Entre deux soupirs appuyés, elle m'a expliqué que l'Ehpad l'avait appelée.

– Ils veulent qu'on participe à un événement pour ses 100 ans, m'a-t-elle dit en crachant la fumée de sa cigarette au-dessus de son visage. Ils sont cons ou quoi dans le Loir-et-Cher ? Ils veulent qu'on sorte les costards, qu'on prépare des discours, « la famille c'est magnifique », « on s'aime tellement », « Geneviève est si merveilleuse », mais ils croient quoi ? J'ai que ça à faire d'aller célébrer le siècle d'une horrible bonne femme qui a bousillé ma vie ? Hein ? Et il faudrait en plus que je lui cire les pompes devant tout le monde ?

– Cirer des charentaises, ça va être compliqué, ai-je dit pour la faire sourire.

– Plutôt crever ! a-t-elle rebondi en tapant du poing sur la table.

– Après c'est normal qu'ils veuillent organiser

une fête, elle leur a fait croire qu'elle était propriétaire de l'Ehpad…, ai-je ajouté.

Maman a souri un peu.

– Elle ne supporte pas l'idée d'être une pensionnaire ordinaire. Il faut qu'elle domine le monde, jusqu'aux soins palliatifs. Il faut qu'elle possède ! Qu'elle écrase !

Remontée comme un coucou, maman m'a raconté sa dernière visite. Pour la énième fois, tu avais évoqué sa naissance :

– Elle m'a encore parlé de son accouchement et donc - excuse-moi de le dire comme ça hein - de son vagin que soi-disant, j'ai détruit ! Ça fait soixante-dix ans que j'entends cette histoire horrible ! Je ne sais plus quoi répondre !

À la fin du rendez-vous, tu avais renversé ton verre de jus d'orange dans l'entrée, goutte après goutte en la regardant dans les yeux, parce que tu exigeais du champagne. Elle avait cru que tu allais tout lui jeter au visage.

Il paraît qu'en outre tu avais réclamé de l'eau bénite pour ton usage personnel :

– Parce que son dernier mari-là, a-t-elle repris en fumant de plus belle, la grenouille de bénitier consanguine qui ressemblait au général de Gaulle en plus moche, il achetait ça sur le site de Lourdes ! Évidemment ! On n'y pense pas ! Se faire livrer de l'eau bénite pour les cas d'urgence ! Alors elle en veut deux litres ! Mais pour quoi faire ? Cuire des pâtes ?

Je riais franchement devant ma tasse tandis que maman levait ses doigts pour compter :

– Faut pas chercher : les crèmes antirides, les bonnes actions, l'hygiène de vie parfaite ! Foutaises ! C'est la méchanceté qui conserve ! La mé-chan-ce-té ! Voilà la vérité ! La preuve ? Geneviève a 100 ans !

Elle pincait désormais ses lèvres à les avaler, comme si elle se retenait d'ajouter des injures ou de pleurer.

– Bon, j'ai quand même fait un paquet pour son anniversaire. Je ne suis pas un monstre.

Dedans, maman m'a confié avoir casé une écharpe en laine de la même couleur que tes yeux, « bleu glacier. Quand je l'ai vue, j'ai pensé à elle ». Et le fameux bidon d'eau bénite « pour arroser son ficus ».

Après sa quatrième cigarette, maman a renchéri sans rire :

– J'ai aussi mis une bouteille de champagne, des fois que ça la rende aimable et un bouquet de pivoines.

Elle s'est alors enfoncée dans sa chaise en osier comme si cent ans pesaient sur ses épaules.

Maman sait que tu adores les pivoines. Elle le sait mieux que personne. Elle les a choisies avec attention, jusqu'au papier de soie qui les accompagne. Elle y a attaché une carte avec un mot. Ça, elle n'a pas besoin de le préciser, je le sais aussi bien que je connais la couleur de ses yeux, bleu glacier, comme les tiens.

En t'écrivant, je me demande si la théorie

de maman est vraie, si la méchanceté conserve et si c'est bien ça ton secret. J'espère que c'est faux. Je me demande si ce ne sont pas les pivoines de maman, envoyées chaque année avec tant de soin et d'amour, qui te gardent en vie depuis si longtemps.

Bon anniversaire.
Je t'embrasse.

Anne-Claire

19 ANS

JOCELYN

À toi, la gérante de l'épicerie du village natal de mes parents.

Je veux te dire merci.

Merci d'avoir aidé mon papa dans son début de vie de jeune homme, de lui avoir apporté l'amour et la gentillesse que son propre père n'a jamais su lui donner et dont il aurait pourtant eu tellement besoin.

Tu as su prendre soin de lui avec douceur en lui offrant un toit. Et même si ce n'était qu'une grange délabrée et sans grand confort, il y a connu la chaleur au cœur de l'hiver.

Sans toi, c'est le froid mordant, le froid qui tue parfois les hommes, qu'il aurait dû supporter.

Toi, l'épicière, tu l'as d'abord nourri, partageant les produits de ta petite boutique de campagne pour qu'il ne meure pas de faim. Puis tu lui as offert de travailler pour quelques sous afin d'occuper ses journées et de lui éviter de traîner n'importe où.

Il n'avait pas l'âge de travailler… mais tu as pris ce risque pour lui, pour l'aider, pour lui donner un but dans la vie.

Merci de l'avoir soutenu sans relâche, même dans les moments difficiles, lorsqu'il te faisait tourner en bourrique en te causant du tort, tant il était turbulent. Tu as eu du courage. Tu lui es restée fidèle.

J'ai vu le jour parce que tu as permis à mes parents de se rencontrer et, depuis, tu m'as adopté moi aussi. Tu as continué de prendre soin de cette famille qui se composait petit à petit.

Et c'est moi, son fils, qui aujourd'hui veux te remercier.

Tu as courageusement honoré toutes les amendes que mon père t'a données en t'implorant de l'aider à les payer. Il t'appelait au secours et toujours tu répondais présente.

Ton cœur est si grand... Tu lui as tant apporté.

Aujourd'hui encore tu es présente dans sa vie et dans la mienne.

Si j'ai correctement vécu, c'est grâce à toi qui veillait sur ma famille comme une grand-mère le fait avec ses petits-enfants.

Dans ta générosité sans fin, tu as même soutenu ma tante quand elle n'avait plus de quoi se nourrir.

Merci de poursuivre ton soutien, un soutien dont je te suis infiniment reconnaissant.

Les années ont passé et tu travailles encore dans cette petite épicerie de campagne dont je garde en mémoire le souvenir de ma première visite. C'est une boutique toute simple, comme toi.

Sa décoration est rustique, basique. Une seule grande étagère qui court le long d'un mur. Dessus on trouve des boîtes de conserve, des paquets de biscuits, quelques tablettes de chocolat et des paquets de pâtes. Dans un coin, un gros frigo chargé de beurre, de viandes et quelques laitages.

Et il y a l'espace boulangerie où tu vends ton pain. Le parfum de tes délicieux croissants et pains au chocolat restera imprimé à tout jamais dans ma mémoire. Enfant, je me régalais rien qu'en les sentant cuire dans ton four.

Ma chère petite épicière, merci, merci pour tout.

Toujours à l'écoute et attentive, tu as porté notre famille sur tes frêles épaules.

À tout jamais tu demeureras dans mon cœur et dans celui de ma famille.

Ta générosité infinie sera pour toujours un exemple dans ma vie.

Jocelyn

66 ANS

BÉATRICE FONTANEL

ENFIN OSER, NE PAS OSER ?

Il n'y a aucune lettre que je n'ai osé écrire. Je ne sais pas si je suis très claire. J'ai toujours préféré m'expliquer avec les gens de vive voix (lorsque c'étaient des gens que j'aimais). Comment faire alors ? Mais non ; réfléchissons bien... Attendez... Je vais trouver... Ça va finir par me revenir. Peut-être juste un petit mot, il y a longtemps, sur un papier déchiré, à la fin du CE1, d'une main encore malhabile : « Marcel, je t'aime. »

C'est vrai, je le jure, il s'appelait comme ça. J'aurais pu... mais à vrai dire, ça ne m'est pas venu à l'esprit, de lui écrire ça. Je n'y ai tout simplement pas pensé, je ne savais pas à l'époque qu'on pouvait écrire des mots d'amour et puis, comme j'avais beaucoup manqué l'école, déménagé, changé de villes, de pays, j'écrivais comme un sagouin, j'avais toujours zéro en dictée. « Marcel, je t'aime » :

il n'y avait pas beaucoup de risque de se tromper pourtant. Oser écrire, tout court, ne pas oser? Est-ce que c'est bien d'oser dire tout ce qui vous passe par la tête, à l'instant où on le pense et de le jeter sur le papier? Ça dépend de la personne à qui on s'adresse peut-être.

Si j'avais connu suffisamment d'insultes, j'en aurais écrit des brochettes à la religieuse, pseudo-institutrice, qui m'avait giflée plusieurs fois devant tout le monde, dans la cour de récréation. J'avais 7 ans. Je ne le lui ai pas écrit, mais le lendemain j'ai eu 40 de fièvre. C'était la même chose. Je ne suis plus retournée dans cette école ou seulement quelques jours, je ne me souviens plus, et puis c'était la fin de l'année, j'allais encore déménager. Pour une fois, ça m'arrangeait.

« Oser écrire » et je vois le mercure qui monte dans le thermomètre. Oser écrire: sa colère, sa détestation, sa rage, sa rogne et sa hargne. Sur les réseaux sociaux, ça se pratique beaucoup aujourd'hui, ça a l'air contagieux et ça ne me plaît pas tellement. Oser rosser, c'est horrible, même virtuellement. J'ai toujours aimé rester dans mon coin, par prétention ou par timidité peut-être ou parce que j'étais cancresse d'école. Quand j'étais petite, il n'y avait pas de téléphone portable. Dans la cour de récréation, on jouait à la marelle. Moi j'aimais bien aussi observer les liserons qui s'enroulaient sur le grillage. Leurs tiges onduleuses m'évoquaient le fil torsadé de l'écriture qui peut se poursuivre à l'infini, avec ses belles boucles et juste quelques petites interruptions entre les mots. Au-delà s'étendaient les collines.

« Marcel, je t'aime », « Marie-Thérèse, vieille bique sadique, je te déteste » : je suis contente d'avoir gardé ça pour moi. J'ai préféré écrire, d'abord à personne en particulier, juste pour moi. Pourquoi ?

« Parce que », répondait Blaise Cendrars laconique. On ne peut pas tout expliquer, heureusement. J'aimais écrire pour jouer avec les mots comme avec un jeu de dés jetés au hasard, écrire alors que je faisais pourtant des fautes d'orthographe partout, cohortes de coléoptères ou myriapodes aux pattes difformes, cancrelats empâtés, qui avançaient en procession sur mes cahiers à grandes lignes bleues. Et le carrousel des phrases a commencé à tourner de plus en plus vite dans ma cervelle, une vraie centrifugeuse. Là, je pouvais vraiment tout oser, tout écrire. C'était mon petit cirque portatif d'écriture. Numéro d'équilibriste et trapéziste sans savoir jamais si je pourrais achever ma phrase et retomber sur mes pieds au dernier coup de cymbales.

Attention, au-delà de cette limite, je vous préviens : vous risquez le tournis, l'asphyxie. Tant pis. Je commence à griffonner, frénétique, sur le papier : il faut se laisser porter par le courant, confiant, flotter, sans vouloir tout comprendre tout de suite, faire la planche, se laisser caresser par l'écume du vocabulaire, mots adorés depuis toujours, d'abord pour leurs sonorités si variées. Oser s'égosiller sur le blanc de la page, pour soi-même, en silence, oser se déguiser sous les oripeaux des mots, laisser les rancœurs anciennes encloses dans un pays lointain, oser zigzaguer entre consonnes et voyelles, oser la ronce qui pique et la rose onctueuse, oser quitter le zoo à la manière d'une fine et agile zibeline, oser l'encre, l'essence et la tache splendide, raturer jusqu'à faire des trous dans le papier, sur un brouillon dégueulasse, oser l'instant scintillant d'un verbe inconnu, oser parler oiseau, zinzinuler ou jacasser, oser demander pardon au crépuscule, je le fais souvent, oser la fantaisie et le funambulisme, oser Isis et Osiris végétant depuis des milliers d'années, dieux fertiles et mystérieux, oser ne plus arroser le gazon, laisser les herbes folles proliférer à leur guise, telles la brize amourette, se rouler dans le limon moelleux, près des grands fleuves sauvages, plonger la main dans la vase grise et veloutée, oser balbutier comme la première femme sortie des eaux, encore couverte d'algues et d'étoiles de mer, chercher ses mots, ne pas les trouver, en trouver d'autres, précieux comme des améthystes, des mots durs comme du quartz ou aussi mous que des limaces de mer, fanfreluchées de leur branchies cramoisies. Oser penser, espérer à la lisière des roselières, chantonner en marchant longtemps sous les nuages effilochés, les mains dans les poches, continuer un peu plus loin... Vous venez ? Venez avec moi...

Béatrice Fontanel, écrivette

14, 20, 19, 17, 14, 18, 18, 16, 16 ANS

LETTRE COLLECTIVE

Oser enfin écrire, c'est:

Réfléchir, raffoler parler avec soi-même, sentir, parler avec le cœur, avoir du courage, jouer avec les paroles, avoir peur d'exprimer ses pensées, être malicieux, être extraordinaire, être soi-même, avoir un début et une fin, être spécial, raconter une histoire, vivre, rêver, dormir avec les mots, c'est difficile et facile, c'est regarder nos pensées – **Harry** – *C'est beau, c'est soigner les maux par les mots, ressentir des frissons dans ma peau, se sentir exister jusqu'à s'exprimer, toucher les autres et se toucher, faire parler son cœur, atténuer ses peurs, affirmer ses valeurs, éveiller ses sens, juste ralentir le temps, ressentir les énergies, intensément, mettre sur ses blessures un pansement, ne pas se poser trop de questions, juste suivre le vent, je te promets, il est encore temps, ne pas se positionner, ne pas choisir* *de camp, remplir une page blanche, faire vivre les émotions, arrêter de se mettre la pression, se débrouiller sans avoir toutes les connaissances, faire jaillir le sang avec l'encre* – **Sophia** – *S'évader, s'exprimer, se lâcher, se vider, se défouler, s'acharner, appréhender, se métamorphoser, confesser, raconter la vérité, dire ce que l'on ressent, s'emporter, faire part de ses pensées, garder en mémoire, parler de soi, insulter, lâcher prise, être sincère, se creuser la tête, se maîtriser, se contrôler, prendre sur soi, se faire confiance, oublier et se concentrer sur l'écrit, divulguer, avoir des remords, s'envoyer balader, arrêter de penser aux choses négatives et néfastes, être sans rancune, aller jusqu'au bout, ne pas abandonner* – **Juju** – *Écouter, rester, rêver, penser, s'émerveiller, libérer, exprimer, écrabouiller, garder, se mélanger, différencier, regarder, aimer, désirer, pleurer, créer, déterrer, se déchirer, s'étirer, haïr* – **Lina** – *Raconter, dire la vérité, ne pas penser, trop penser, se promener, barrer, ne plus réussir à s'arrêter, pleurer jusqu'à oublier les pensées qui se mettent à danser, et enfin, se lâcher* – **Stefania** – *C'est intéressant, être heureuse, amusant, être fière, heureuse comme une enfant qui joue au ballon, j'ai bien réfléchi, je me suis fait emporter par les nuages, je suis en train de voler dans le ciel, détendue, les ratures* – **Fei** – *C'est faire des fautes, mentir, discuter, expliquer, me tromper, rigoler, parler, me plaire, donner envie, décider, voir, chercher, s'intéresser, écrire* – **Martin** – *Mettre des lettres sur du papier, penser aux prochains mots à écrire, c'est beau, c'est être courageuse, c'est effrayant de mettre des mots, réfléchir aux bons mots qui collent avec les pensées, pouvoir se relire, c'est jouer* *avec les mots, c'est fatigant, prendre du papier, quelque chose pour écrire, noter, se poser, réfléchir et finalement écrire, pouvoir écrire partout –* **Caroline** – *Être libre, sans tabou, sans jugement, avouer, regretter, se souvenir, du passé, du présent, des émotions, des blessures non guéries, des larmes, réfléchir à des pensées, des envies non réalisées, des moments, des réactions, positives, négatives, c'est un fardeau–* **É.**

13 ANS

LÉLIA

À Vous,

Aujourd'hui, je vais vous parler de moi.
Oui, vous avez bien entendu, je vais parler de moi.
Parce que 11 ans n'est pas un âge pour traiter une petite fille de « pute »,
juste parce que, oui, 11 ans, c'est tôt pour avoir une poitrine imposante.
Parce que harceler et détruire une personne à cause de sa poitrine,
c'est grave, oui, c'est grave.
Je n'avais rien demandé, mais vous ne le compreniez pas.
Je ne croyais même pas en Dieu, mais tous les soirs, je lui demandais de me l'enlever, cette foutue poitrine, de me la retirer, de me la supprimer.
Je m'endormais avec cette seule envie et me réveillais désespérée.
Car, oui, cela va faire maintenant trois ans et demi que tous les jours j'ai droit à des remarques, des sifflements et même parfois des attouchements.

Je la détestais à cause de vous, parce que vous, et je le dis maintenant haut et fort, vous me l'avez fait détester.

Mais maintenant plus personne ne la touchera ni ne lui manquera de respect,

vous avez bien entendu ?

Parce que 11 ans n'est pas un âge pour se faire traiter de « pute » et se faire attoucher.

Vous vous rendez compte, à l'âge de 11 ans, je l'abîmais déjà avec des lames, ma poitrine.

Vous m'avez détruite !

Aujourd'hui, je commence tout juste à l'aimer car elle fait partie de moi, car elle m'appartient, elle est belle.

Car, maintenant, j'ai repris les commandes comme j'aurais toujours dû les avoir.

Et j'envoie tout mon courage à toutes les petites filles qui vivent cela !

Car 11 ans n'est pas un âge pour se faire traiter de « pute » et se faire attoucher !

52 ANS

GARY GHISLAIN

La lettre qui suit et à laquelle je veux répondre aujourd'hui a été écrite par mon grand-père, Francisco Rabaneda Postigo, un homme engagé dans la lutte républicaine contre les forces franquistes lors de la guerre d'Espagne (1936-1939). Ce sont ses derniers mots avant d'être conduit sur la plage de Berria où il est fusillé le 15 octobre 1937.

Cette lettre qu'il écrit dans sa cellule et qu'il passe au prêtre qui l'accompagne à sa mort, il la destine à ses enfants, c'est-à-dire à ma mère, mes deux oncles et ma tante. Ils ne l'ont reçue que de nombreuses années plus tard, alors qu'ils étaient adultes et que mes cousines, mon frère et moi étions déjà nés.

Nos parents n'ont jamais osé la lire, craignant la peine qu'elle allait leur causer. J'avoue qu'ils m'ont transmis cette appréhension et cette révérence pour ces derniers mots d'un grand-père que je n'ai pas connu et que j'imagine mourir seul, apeuré et dévasté à l'idée de ne plus revoir ses enfants.

Alors voici, cette lettre qui a tellement inquiété les miens, je la traduis de l'espagnol ici et vous la livre :

> *Mes chers enfants,*
>
> *Je voudrais vous dire tout ce qui me passe par la tête en ce moment, mais je doute de pouvoir le faire. Cette lettre ne sert qu'à vous dire de ne jamais reprocher ma mort ni aux hommes ni à Dieu. J'ai lutté pour une cause que je crois bonne, et à laquelle tout le peuple espagnol participe au nom de la justice et de la liberté. Dans le futur, si vous êtes amenés à faire de la politique, cherchez toujours à servir l'intérêt commun et fuyez les gens méprisables. Étudiez mes paroles et soyez loyaux au peuple et à votre nation en toutes circonstances, comme votre père qui vous aime de tout son cœur.*
> *À toi, María Luisa, je te laisse tout mon cœur et toutes mes pensées. Prends soin de nos*

*enfants et fais-en des personnes dignes
de ce mari malheureux. Ton Paco se sépare
de toi pour l'éternité.
Chers enfants, ce sont mes derniers mots.
J'aimerais qu'ils soient suffisamment clairs
pour vous montrer ma profonde douleur
de vous abandonner si jeunes et ne sachant
pas pourquoi je suis mort. Rien n'est votre
faute, soyez toujours fiers de votre père
qui vous aime sincèrement.
Consolez votre mère que j'ai tant aimée.
Si vous voyez ma mère et mes frères,
serrez-les avec amour dans vos bras, car
ils en auront besoin et dites-leur que ma vie
a été vécue absolument et parfaitement.
Recevez mes baisers.*

Francisco Rabaneda Postigo

Il est temps, je crois, de lui répondre enfin :

Mon cher grand-père,

Je t'écris cette lettre pour te parler de tes enfants. Bien que tu aies été arraché de leur vie si tôt, tu leur as laissé un héritage digne d'un vrai héros. Ils ont tous eu une longue vie pleine d'amour, de réussite et de bonheur. Ta fille, Dulce, ma mère, a grandi à Paris. Elle a mené, comme le reste de tes enfants, une existence faite de rires et de joie qu'elle a su si bien partager avec nous. Tu ne vas pas me croire, mais à une époque, nous avons

tous vécu ensemble, tous tes enfants et nous les leurs, dans un château. Un vrai château ! Avec des douves et des tourelles, une salle de bal et un salon si grand que nous faisions du karting dedans. Ma mère a su créer un monde magique dans lequel tout était toujours possible et souvent elle lisait les cartes du tarot ou nous parlait du monde des esprits pour nous rappeler que cette existence est féerique et que rien n'est jamais inatteignable à qui comprend les forces qui régissent cet univers.
Elle s'est éteinte tranquillement un soir et j'espère que tu étais là pour l'accueillir dans cet au-delà qu'elle semblait si bien connaître. D'ailleurs, elle m'a donné ton prénom, Francisco, et moi, j'ai nommé ma fille Sisko en ta mémoire. Nous sommes tous fiers de te porter dans notre cœur et notre sang. Tu n'as pas pu nous rencontrer, mais je veux que tu saches que tu as été une source d'inspiration pour nous tous, pour mon frère et mes cousines et bien sûr pour tes enfants. Ton destin et ta mort si jeune nous ont touchés profondément et nous ont encouragés à être toujours plus courageux, justes et aimants. Sache que ta mort n'a jamais été une malédiction pour tes enfants. Ils t'ont aimé sans même se souvenir de ton visage. Tu as été un exemple à suivre pour eux, et même s'ils n'ont jamais osé lire ta lettre, chaque mot qu'elle contient était magiquement gravé dans leurs âmes.

Enfin, et je crois que c'est le plus important, je veux, à travers le temps, te serrer dans mes bras dans ta cellule où tu attends qu'on vienne te chercher à l'aube, car toi aussi tu dois en avoir besoin.

Gary (Francisco) Ghislain

16 ANS

MOUNAJAH LORNE-RELOUZAT

La confiance en soi, qu'est-ce que c'est ? Le sais-tu ?

Selon mon ami.e Google (je dis ami.e avec l'écriture inclusive pour ne fâcher personne), la confiance en soi « permet d'avoir une vision réaliste de nos capacités ». T'en penses quoi, toi ?

Pour moi, c'est un tout petit peu différent. Je dirais que c'est avoir le courage de faire ce à quoi tu penses quand tu le penses. Avoir la force d'oser. « Oser quoi ? », tu me diras. Je ne sais pas. Tout ce que tu veux, quand tu le veux. Crier quand t'es heureux, prononcer de belles paroles devant d'autres personnes, rire ou pleurer sans peur au théâtre, pouvoir répondre à des questions au TOM devant les adultes. Demander de baisser la clim dans un cabinet médical, etc.

Toutes ces choses ci-dessus, avant de ne pas *les faire, je réfléchissais. Je réfléchissais, j'attendais et je comptais aussi. Réfléchir au regard des gens. La peur du jugement. L'attente du moment opportun pour parler. Compter de 0 à 3, puis de 0 à 5, puis de 0 à 10, à 100, à 200... Ça allait loin. Et le moment opportun passait. Il passait et sais-tu ce qui le remplaçait ? Le plus souvent, des regrets, en fait. Ces regrets produisaient une mélancolie affreuse dans tout mon être. Et leur souvenir ne cessait de revenir. C'est le pire avec les regrets. Ensuite viennent les questions intérieures avec les « si ». Questions inutiles, puisque le retour en arrière est impossible.*

Mais je vais te dire ce qu'il se passe lorsque tu captes ce moment opportun, lorsque tu l'attrapes. Parce que malgré tout ce que j'ai listé, parmi mes échecs, il y a aussi eu des victoires que je chéris. Je préfère mes victoires, car elles n'ont pas d'arrière-goût, pas comme ces chocolats Mon chéri *où, au milieu du chocolat, se trouve une cerise confite et de la liqueur de cerise. Beurk ! Donc pas de regrets ni de questions intérieures. Par contre, la peur, elle, elle reste même si l'action est passée. Mais ce n'est pas une vraie peur, c'est une peur irréelle, indolore.*

Lors de ces victoires, qu'est-ce que j'étais fière de moi ! J'étais heureuse, constante, satisfaite, impressionnée. Et en supplément, j'étais toujours vivante ! Et à chaque fois que j'y arrivais, mon être aussi me félicitait. Oui, il me félicitait parce que j'avais eu la force d'oser et le courage de faire ce dont j'avais envie.

Pour en revenir à la définition de mon ami Google, « avoir une vision réaliste de notre capacité », lorsque je ne saisissais pas les moments opportuns, ce n'était pas que je n'avais pas de vision « réaliste » de mes capacités (vu que, en soi, je n'ai pas peur de parler), mais plutôt que je n'utilisais pas mes capacités, j'étais en mode off*, en mode avion. Alors, il faut, dans ces moments-là, relever le défi et appuyer sur* on*. Plus on le fait, plus on apprécie et plus on ose, du coup, plus on s'épanouit.*

Tu sais que j'envie les personnes qui ont leur bouton sur on *tous les jours ? Enfin, je ne les envie pas [...], mais elles m'inspirent, me font peur aussi, car elles doivent être, au fond, un peu folles. Mais voilà quoi, elles sont dynamiques et très expressives, aussi.*

Mon cher toi, je veux que tu me rappelles qu'on n'a qu'une seule vie. Et qu'il ne faut pas avoir trop de regrets pour la vivre bien mentalement [...]

Mounajah Lorne-Relouzat

55 ANS

PHILIPPE LECHERMEIER

Longtemps, l'idée de vous écrire ne m'a pas même effleurée. Pour être honnête, je ne pensais guère à vous. Ou quelques rares fois, par-ci, par-là, égoïste et ingrat, préférant ignorer tout ce que vous m'aviez apporté. J'étais encore plein de ressentiment en songeant à ces années de collège et de lycée, années de mon adolescence compliquée auxquelles vous étiez tous inextricablement mêlés.

Bien sûr, je ne vous avais pas complètement oubliés. Me revenaient parfois des phrases que vous aviez prononcées, des sourires, des encouragements. Mais aussitôt, comme en écho, surgissait une pointe de culpabilité que je m'empressais d'enfouir au plus profond de moi.

Une rencontre a tout fait remonter à la surface. Une rencontre de rien du tout, une rencontre de hasard, une rencontre avec l'une d'entre vous.

Pourquoi toi et pas une autre ? Je n'en sais rien. Mais c'est en te croisant alors que je sortais d'un supermarché, un sac de courses dans chaque main que tout s'est déclenché.

La dernière fois que je t'avais vue, je redoublais ma classe de seconde. Pourtant, malgré les années passées, je t'ai tout de suite reconnue. Toi aussi, sans doute, car tu as marqué un temps d'arrêt avant de détourner la tête en pinçant les lèvres et de poursuivre ton chemin pendant que je restai immobile, submergé par les souvenirs qui ressurgissaient comme une vague puissante.

Bien sûr, j'aurais aimé aller vers toi. Te reparler des livres que tu m'avais fait découvrir, des auteurs dont j'ignorais jusque-là l'existence. Mais, alors que je me décidai à te rejoindre, d'autres souvenirs sont revenus, arrêtant net mon mouvement et je t'ai regardée partir sans oser faire un pas. Et tandis que tu te retournais et que je croisais une dernière fois tes yeux vifs et bleus, je rebroussai le chemin de ma vie pour me retrouver dans une salle de lycée et redevenir l'élève que j'avais été. Il y a des années. Une éternité.

Le chaos de mes 15 ans, je serais incapable de le restituer. Mais je me rappelle encore la torpeur qui m'écrasait quand j'entrais en classe, mon refus de travailler, mon insolence, l'indifférence avec laquelle je fourrais dans mes poches les textes que tu distribuais avant de les jeter dans la corbeille à la fin de l'heure. Quand je ne les laissais pas sur ma table, lisses et impeccables, pour bien montrer que je n'y avais pas touché.

En te voyant t'éloigner dans le centre commercial, j'ai repensé à tes cours que je m'amusais à saper par ennui, par sadisme ou simplement, par bêtise. Aux nombreuses fois où tu finissais par me mettre à la porte. Je traversais alors la salle d'un air triomphant, persuadé que j'avais gagné en t'empêchant de faire ton travail. Qu'avais-je comme excuse ? Aucune, tes cours étaient appréciés, les autres élèves t'écoutaient et dans mes tentatives de chahut, il fallait que je déploie toute mon imagination et que je joue des avantages que me procuraient ma sale réputation et ma jolie petite gueule pour l'emporter. Aucune excuse, non, si ce n'est celle d'être mal dans ma peau, de me sentir perdu, coincé, enfermé dans ce petit lycée de province.

Quand tu as fini par disparaître entre les familles qui poussaient leurs chariots pleins de courses, j'ai repensé à ce carton que m'avait préparé ma mère des années plus tard quand elle avait déménagé et quitté la maison de mon enfance. À l'intérieur, des carnets, des objets que j'avais aimés et qui me paraissaient maintenant dénués de tout intérêt, des gadgets désuets, des dessins d'enfant, des classeurs, des pochettes. Encore froissés, quelques rares textes que tu avais distribués et qui avaient survécu au fond de mes poches pour finir, je ne sais par quel chemin miraculeux, dans tout ce fatras. C'est à ce moment, en découvrant les noms des auteurs que j'avais pris conscience de ce rendez-vous manqué. De ces textes que tu tentais de partager, de ces œuvres que je mettrai de nombreuses années à retrouver et à côté desquels, prisonnier de ma rage et dans l'égoïsme de mon âge, j'étais passé.

Dans un film, la scène se serait sans doute terminée autrement : j'aurais abandonné mes sacs par terre, je me serais mis à courir et, après une longue course au ralenti, je t'aurais rattrapée. Et devant ton regard étonné et réprobateur, je me serais longuement excusé. Puis, je t'aurais expliqué. Ma rage, ma colère, mon incapacité à sortir de ce rôle de mauvais élève dont j'étais prisonnier. Ton visage serait resté fermé puis ton regard bleu aurait fini par s'adoucir. Et quand je t'aurais dit qu'un peu grâce à toi, aujourd'hui, j'écrivais des livres, sans doute m'aurais-tu souri.

Mais la vie n'est pas un film et je suis resté planté là, avec mes sacs pleins de yaourts et de poireaux, te regardant disparaître derrière les vitrines des autres magasins.

Sur le chemin, en rentrant chez moi, alors que je m'en voulais de ne pas être venu te parler, d'autres visages se sont peu à peu superposés au tien. Tous les autres, tous les enseignants que j'avais rencontrés pendant mes années d'école, de collège, de lycée. Assis derrière leur bureau, sur le bord d'une table ou gesticulant devant un tableau. Tous ces professeurs qui avaient semé les cailloux blancs qui me permettraient un jour de sortir de la forêt sombre de mon adolescence. De me faire découvrir ce qui aujourd'hui est au cœur de ma vie. Toutes ces personnes à qui j'avais fait porter mon mal-être, mon immaturité. Et qui, tant bien que mal, avaient tenté de me transmettre leur passion, avaient accompagné mes envies d'écriture et de littérature. Qui par quelques mots, quelques vers, un livre ouvert à la bonne page, un sourire, un vague encouragement, avaient participé à ce qui me permettrait d'être celui que je suis aujourd'hui. Pas tous, bien sûr, loin de là. Mais suffisamment pour que l'oubli où je les avais relégués me paraisse soudain incompréhensible.

Dans cette ronde folle, il y avait toi, bien sûr, que j'avais bêtement chahutée, qui n'a sans doute connu que le pire de moi-même et que j'ai laissé disparaître ce jour-là dans les galeries du centre commercial. Mais il y en avait de nombreux autres. Cette jeune professeure, par exemple - je la vois encore rentrer dans la salle de classe comme si elle montait les marches d'un grand festival - qui confectionnait chacune de ses robes et qui, par son charme, sa grâce et sa passion, pouvait nous emmener partout : dans les trois volumes des *Misérables*, au cœur de la *Comédie humaine* ou dans la poésie d'Arthur Rimbaud. Et comme un Graal, le Valhalla, dans les pages de Proust, dont elle faisait de la lecture un rite mystérieux réservé à quelques rares initiés.

Je songe aussi à ce monsieur aux longues moustaches dont j'aimais tant sentir l'odeur de tabac à pipe sur son éternelle veste en tweed. Et dont j'apprendrais le décès quelques années plus tard, emporté qu'il fut par une crise cardiaque. Ou cette autre professeure que nous adorions écouter lire - Colette, les *Dialogues de Bêtes*, Marcel Aymé *Les Contes du chat perché*. Et une autre, qui portait aux doigts des bagues scintillant de mille feux et qui me fit découvrir Kafka, Montaigne, Apollinaire, *Les Caractères* de La Bruyère. Et une autre encore - l'ai-je une seule fois remerciée ? - qui prit la peine de lire chaque ligne *prétentieuse de mes premières tentatives littéraires. Que j'imagine éternellement belle alors qu'elle est sans doute morte depuis longtemps.*

Comment avais-je pu tous vous oublier ? Comment avais-je pu vous reléguer aussi loin dans ma mémoire ? Vous qu'aujourd'hui on maltraite, on moque, on sous-paye, on assassine, on tue. Vous, alors que machinalement, je sors les courses de leurs sacs, les pâtes, les tomates, les poireaux, vous à qui aujourd'hui, enfin, j'ose dire merci !

18 ANS

MARTIN

Bobigny, depuis l'hôpital de jour
d'Avicenne le 19 octobre 2023

Chère Madame,

J'aimerais vous revoir, cela fait un moment. Vous êtes mon ancienne prof et je ne vous ai plus jamais revue. J'espère que vous allez bien en ce moment. Maintenant, j'ai bien évolué et j'ai fini l'école, je suis à l'hôpital actuellement et je cherche à être guéri. J'avais peut-être une chance pour un stage d'emploi. J'ai eu mes 18 ans, il n'y a pas longtemps, en juillet.

Respectueusement,

Martin

57 ANS

ALAIN MABANCKOU

LETTRE À UN ADOLESCENT ALGÉRIEN

Cher Lounès, mon cher petit,

Tu m'as écrit une longue lettre la dernière fois, et je n'ai pas pu te répondre immédiatement, sans doute parce que le souvenir d'Alger était encore présent dans mes pensées. En visitant ton pays je me suis rendu compte de plusieurs choses, et ces choses sont désormais pour moi des certitudes. C'est ce qu'on appelle l'expérience. *Je suis arrivé dans ta patrie avec ma virginité, mes oreilles et mes narines bien ouvertes, le regard toujours braqué à l'endroit où se situent les hommes et non les pierres. Parce que je savais que celui qui n'entend pas battre le cœur des Algériens ne photographiera finalement que les pierres et quelques autres sites pour aller les montrer à ses amis qui n'ont jamais mis les pieds dans le pays. Or jusqu'à ce jour je n'ai pas eu la chance de voir une pierre qui discute avec un étranger.*

C'est donc te dire que l'Algérie - comme tout pays - est à trouver dans le cœur de la population, et la population ne vous « parle » que si vous vous êtes débarrassé de vos préjugés, de votre hypocrisie et de votre activité de collectionneur ambulant de cartes postales. Oui, l'erreur fondamentale que commet tout visiteur est de vouloir beaucoup parler - j'allais dire parler plus fort que les autochtones, leur expliquer un pays qui est dans leur chair. Et ce visiteur vous chantera son amour pour votre pays, il se découvrira des ancêtres sur place et voudra être plus algérien que les Algériens - comme dans ces fameuses aventures d'Iznogoud qui veut toujours être khalife à la place du khalife et qui utilise tous les moyens les plus mesquins, les plus meurtriers pour essayer d'y parvenir. Il échoue, heureusement.

Tout cela, tu l'auras compris, c'est de la comédie humaine, parce que ce visiteur tacticien comme un joueur d'échecs dira la même chose dans tous les autres pays qu'il visitera. Ne prête attention qu'à celui qui aime ton pays dans le silence, à celui qui observe la mer dans tes yeux, à celui qui lit ton histoire sur les lignes de ta main et non sur les fissures d'une pierre historique qu'il a retrouvée grâce à un livre acheté en Europe la veille de son voyage. C'est presque naturel que les êtres humains jouent des rôles, et un écrivain qui s'appelle Albert Cohen a dit : « On aime être ce qu'on n'est pas. »

Mon cher Lounès, j'aurais pu discuter avec ceux qui connaissent l'histoire de ton pays en profondeur. Ils m'auraient donné des références précises, conseillé de gros livres à lire, des films à voir sur la guerre d'Algérie. Je vais être franc avec toi : je ne sais pratiquement rien de ton pays. Pourtant je suis rassuré parce que les écrivains de chez toi m'ont dessiné les contours de cette terre. Je pense à Kateb Yacine, à Mouloud Mammeri, à Rachid Mimouni, à Rachid Boudjedra ou encore à Mohammed Dib. Ces écrivains portent en eux des « Algérie » différentes les unes des autres, mais orientées vers une seule et même direction : l'ouverture de ton pays au monde et l'expression d'une société très variée.

J'aurais pu aussi passer des après-midi sans fin à écouter les journalistes, les opposants politiques, les hommes qui sont au pouvoir. Cela ne m'intéressait pas et m'aurait ennuyé. Ces gens auraient parlé avec leur cerveau alors que c'est avec le cœur qu'il faut me parler d'un pays...

Voici l'image que j'ai gardée de nous deux : j'étais devant toi, tu m'as regardé un moment, puis tu es venu vers moi. Et tout est parti de là, car dans ce regard clair et immobile je pouvais lire les interrogations qui te venaient à l'esprit et combien notre rencontre allait être exceptionnelle, te marquer, me bouleverser au point que lorsque je pense à l'Algérie, désormais je vois ce pays à travers ton visage. Ne dit-on pas que le royaume des cieux appartient aux enfants ? Est-ce un hasard si notre humanité est déjà présente depuis notre enfance, voire depuis le ventre de notre mère ?

L'Algérie appartient aux enfants, et pour comprendre ton pays il faut, comme dans la Bible ou le Coran, « naître de nouveau » - en somme redevenir un enfant. Mais combien d'adultes le savent ou s'en souviennent encore?

Tu m'as donc parlé de ta journée. Ton père venait de t'acheter un vélo - tu sais déjà pédaler, je n'ai aucun souci à me faire -, tu avais joué avec des copains de ton entourage, dans cette cour de la maison de Kouba.

Et puis, tu ne m'as plus dit un seul mot, parce que j'avais un regard comme le tien, un regard d'enfant ému, et tu as compris que je n'ai jamais eu un vélo dans ma vie, que je ne sais même pas pédaler à mon âge, que je ne sais même pas nager à mon âge, que je pédale et nage sans cesse dans ma vie avec l'espoir de revenir un jour dans mon royaume d'enfance. Non, tu ne m'avais pas offensé, j'enviais tout simplement ton vélo et je voulais te demander de me faire monter sur le siège arrière pour un tour dans ton quartier...

Tu étais là, devant moi.

Ton silence? Tu n'allais pas le garder pendant longtemps. Tu voulais savoir mon métier. J'enseigne en Amérique le jour et je suis écrivain la nuit, mais mes nuits sont plus précieuses que mes jours. C'est ce que j'ai dit en pensant à un écrivain haïtien qui s'appelle Émile Ollivier, et à un autre qui est mon meilleur ami, Dany Laferrière.

Et tu as fini par me dire :

– Alain, moi aussi je veux être médecin le jour et écrivain la nuit, et je veux aussi que mes nuits soient plus précieuses que mes jours…

Et je t'ai parlé d'un homme qui était écrivain la nuit et médecin le jour. Ses nuits étaient plus précieuses que ses jours. Il s'appelait Louis-Ferdinand Céline. Il a écrit Voyage au bout de la nuit, *sans doute l'un des romans les plus extraordinaires du XXe siècle. Tu as souri, ce qui voulait dire que tu liras un jour ce livre, que ce jour ne va pas tarder…*

Je me disais au fond de moi que je serai un jour un vieil homme retiré dans la campagne et que mon bonheur sera à son comble si pour rêver de ton pays je me mettais à lire tes livres, des livres écrits avec l'encre de ton enfance.

Et si je suis malade, je sais aussi que je pourrais compter sur toi, parce que tu seras un grand médecin. Un très grand médecin…

Prends soin de toi.

Alain

18, 18, 13, 22, 17, 23, 13, 19, 18, 19 ANS

LETTRE COLLECTIVE

CES LETTRES QUE NOUS AIMERIONS ENFIN OSER ÉCRIRE…

Écrire pour avouer mon amour
Écrire à mon père que ses blagues sont ringardes
Écrire à ma sœur pour lui dire que je voulais tuer son poisson rouge
Écrire à une prof de sport pour lui dire qu'elle est sexiste
Écrire à mon avenir car il me fait peur
Écrire à ma mère combien je l'aime
Écrire à mon frère que j'ai cassé la Xbox qu'il venait d'avoir à Noël
Écrire à mon père sur toute la rancœur que j'éprouve
Écrire à quiconque par peur de déranger
Écrire à ma sœur que j'ai mangé tous les petits-suisses de son bébé

Écrire à ce garçon que je l'aimais au point qu'il apparaissait dans mes rêves
Écrire à certaines personnes dans le métro qu'elles puent
Écrire à ma prof d'anglais que je n'avais pas compris par peur de parler anglais
Écrire à mes parents pour les remercier de ce qu'ils ont fait pour moi
Écrire à mon grand-père que ça ne me plaît pas ce qu'il a fait à ma grand-mère
Écrire à Suzanne qu'il faut qu'elle arrête de mentir
Écrire à ma tante qu'il faut qu'elle arrête de me comparer à ma cousine
Écrire à mon père pour ma belle-mère
Écrire pour lui dire à quel point il me fait souffrir encore aujourd'hui
Écrire une lettre toutes les fois où j'en avais envie
Écrire une lettre à cette personne pour la remercier de m'avoir sauvé la vie

Auguste, Balthazar, Dalva, Juliette, Radhia, Sedjro, Anais, Lou, Amel, Lina

14 ANS

STEFANIA

Chère M,

Je t'aime.

Stefania

43 ANS

BEN MAZUÉ

J'ai reçu beaucoup de lettres de mes parents quand j'étais enfant. Ils avaient tous les deux du talent pour cet exercice.

Dès que je partais quelque temps de la maison, pour les vacances le plus souvent, ils m'écrivaient.

Leurs courriers sont mes premiers émois littéraires. Il y avait dans leurs lettres plus de verve et d'intensité que dans n'importe quel chef-d'œuvre du répertoire.

En grandissant moi aussi j'ai écrit. J'aimais bien.

J'écrivais à mes proches quand ils étaient loin, bien sûr, c'est principalement à cela que sert le courrier.

J'écrivais aussi à mes amis, surtout quand j'étais adolescent, pour leur signifier l'authenticité et la profondeur de mes sentiments. Lesdits sentiments pouvant aller de la colère à l'amour, de la déception au manque, presque dans la même semaine.

J'ai beaucoup écrit à mes coups de foudre, à mes crushs. J'ai souvent manqué de courage pour aborder une fille, mais jamais pour lui donner une lettre de 5000 signes dégoulinant d'amour.

J'ai écrit à ma professeure principale en fin de terminale, une lettre argumentée, pleine de haine et de revanche, après un conseil de classe houleux où, devant ma mère alors déléguée de parents d'élèves, j'ai été humilié suffisamment pour que vingt-cinq ans plus tard j'en fasse encore des cauchemars.

J'ai écrit au doyen de la faculté de médecine pour lui demander de bien vouloir accueillir une étudiante de Montpellier dont j'étais amoureux. Il a accepté.

J'ai écrit à ma mère, tous les ans, pendant les dix ans qui ont suivi sa mort.

Aujourd'hui j'écris à mes enfants, sur une adresse mail qu'ils auront en cadeau le jour de leurs 18 ans et qui retracera leur existence à travers des témoignages épistolaires (géniale idée de leur mère).

C'est en écrivant que je me permets d'aborder avec les autres les sujets qui me font rougir, les émotions inavouables, les décisions graves.

Il n'y a, donc, je crois, pas de courrier que je n'oserais jamais écrire.

Voilà ce que je me disais avant d'ouvrir ma boîte aux lettres et de tomber sur un tract. C'était une sorte de communiqué du maire à ses administrés, qui venait lister toutes les actions qu'il avait menées pour le bien de la cité depuis le début de son mandat.

Les politiques écrivent souvent aux électeurs. Moins pour leur dire ce qu'ils ont fait que pour leur dire ce qu'ils comptent faire.

L'élection suprême dans mon pays, c'est la présidence de la République.

Je suis toujours surpris d'ailleurs de voir que les programmes des candidats à une élection nationale sont destinés à régler des problèmes mondiaux : le dérèglement climatique, les conflits internationaux, les crises énergétiques, l'exploitation humaine des ressources de la planète, les inégalités sociales entre les nations dites émergentes et celles dites industrialisées, le capitalisme financier, etc.

Pour moi, proposer des solutions nationales à ce genre de problématique c'est absurde.

Ce serait comme un élève de 5e, qui, pour être élu délégué, proposerait une baisse de la TVA, un moratoire sur les bénéfices colossaux des mutuelles, et une refonte de l'attribution des subventions dans le monde de la culture.

J'ai bien conscience qu'il n'existe pas de statut permettant de mettre en place un programme politique à destination du monde entier. Chaque nation est souveraine et décide de son destin.

Je le sais, je le déplore mais je le sais, il n'y a pas de président du monde.

C'est pour ça que je n'ai jamais osé écrire cette lettre.

C'est aussi parce que je n'ai pas encore toutes les solutions aux problèmes mondiaux.

C'est enfin parce que j'ai toujours eu d'autres projets plus importants. Un coup c'était un album, un coup c'était faire un enfant, je n'ai jamais eu la fenêtre de planning suffisante afin de coucher sur papier mes idées pour sauver le monde.

Mais cet exercice, c'est le bon prétexte pour se frotter à la réalité d'un programme politique à destination du monde entier.

Alors on y va.

Mes chers concitoyens (du monde),

Voici, si vous votez pour moi (clandestinement puisqu'aucune élection en ce sens n'est prévue à ce jour), *ce que je vous promets d'engager pour notre planète.*

Ma première mesure, c'est le salaire universel. Je pense qu'on est prêt.

Étant donné que je serai président du monde, je pourrai décider d'un montant unique, et hop, terminé les gens qui font des boulots qu'ils détestent, ou qui les dégoûtent.

Vous allez me dire, mais alors qui fera ces tâches pénibles ?

Je vous répondrai : les robots. C'est grâce à eux que je peux affirmer qu'on est prêt. Aujourd'hui on a des machines pour tout. Dans mon secteur d'activité par exemple, il y a des machines qui peuvent écrire des chansons à la manière d'un compositeur mort, et les faire chanter par un chanteur mort. On en est là.

Je n'ai pas fait plus de recherches que ça dans le domaine de l'IA, il faut dire que je n'avais pas prévu de publier mon programme politique pour le monde dans le courant de cette année, mais, vu de ma fenêtre, on a les outils technologiques.

Donc certains bossent, dans des secteurs qui les épanouissent, et d'autres ne bossent pas, tout en ayant de quoi vivre pour mener l'existence d'un citoyen éclairé.

Ma deuxième mesure : aller découvrir l'univers.

Il m'est avis que le monde était bien plus passionnant quand il n'avait pas de fin.

Quand certains disaient « nous partons voir ce qu'il y a derrière l'horizon, tant pis si ce doit être au péril de nos vies, c'est au service de cette quête-là que nous avons choisi de mourir ».

Aujourd'hui on ne choisit pas de mourir. On ne choisit jamais de mourir. Mourir c'est un échec, et il n'y a rien de pire que la mort.

Il fut un temps où il y avait pire que la mort.

Le déshonneur par exemple.

Je ne dis pas que c'était mieux, je dis juste que des époques ont existé, au cours desquelles il y avait pire que la mort.

On pouvait mourir pour ses idées, pour son pays, pour son peuple, c'était ok. C'était très triste mais c'était ok.

Dans mon métier de médecin, j'ai soigné beaucoup de vieux et je les ai vus s'ennuyer, à mort, dans les maisons de retraite, je me suis demandé pourquoi ça devrait être ça le Graal de notre civilisation, ce vers quoi tous nos efforts devraient aller le temps de notre existence : arriver à être un vieux qui s'ennuie dans une maison de retraite.

Il était peut-être pas si mal ce temps où on disait « j'embarque demain, on ne se reverra sans doute jamais, mais si je reviens, c'est notre peuple tout entier qui aura avancé ».

Pour budgéter cette mesure je pars du principe que le président du monde dirige les affaires humaines, il n'y a donc plus de conflit armé opposant des pays, puisque les litiges seront tranchés par mon administration souveraine.

On prend donc 100 % du budget de chaque pays destiné aux armées, 100 % du personnel des armées, et on leur demande d'aller découvrir l'univers.

Ma troisième mesure :

Mettre toute une partie du monde en jachère. Par exemple un continent. Pour faire respirer la terre, prospérer la vie sauvage, rendre à la nature sa couronne.

C'est sûr que c'est pas très agréable quand c'est chez toi, parce que tu dois abandonner ta maison, tout quitter, et aller t'installer quelque part pour tout recommencer à zéro. Mais je ne connais pas un président au monde qui n'ait pas eu besoin de prendre certaines mesures impopulaires.

Pour cela nous permettrons la libre circulation et la libre installation des humains sur le reste du monde (c'est-à-dire les continents qui ne seront pas en jachère).

Voilà, chère citoyenne, cher citoyen, le programme pour lequel vous voterez si vous décidez de m'élire président.

Ce ne sont que trois mesures, ça peut paraître peu. Mais ce ne sont pas des mesurettes. Imaginez-vous, exproprié de votre pavillon à Joinville-le-Pont, en lisière du bois de Vincennes, car l'Europe aura été choisie pour être le continent jachère, installé depuis peu à Bali avec votre famille, touchant un salaire universel, en pleine reconversion pour devenir maître sushi.

Il y aura c'est certain, un temps d'adaptation avant que la joie et la sérénité ne l'emportent, et pendant cette période croyez-moi vous serez soulagé qu'il n'y ait pas eu plus de mesures dans ce programme.

Vive la République et vive le monde.

16 ANS

YOURI ANNETTE

Oh notre Dieu, tu nous laisses orphelins, nous, tout le peuple du football.

De ta cadence légendaire, de ton pied gauche magique, de ta vision d'alien. Plus d'un an que tu es parti, mais nous nous souvenons encore, comme si c'était hier, de tes slaloms violents pour les défenses. Ta disparition nous laisse sans roi, sans exemple à suivre, sans toi. On a comme perdu toute notre éthique footballistique.

Personnellement, jusqu'à maintenant, je n'ai toujours pas réussi à faire mon deuil. Pour moi, ta mort est inacceptable, car un dieu ne meurt jamais. Dans ma tête, il est impossible de te penser mort.

Le jour de ta mort était un jour d'école comme tous les autres. Une fois rentré chez moi, j'ai appris la nouvelle au JT de TF1. Au début, je n'y croyais même pas et je ne voulais pas y croire du fait que, pour nous, Dieu est éternel et ne meurt pas.

Diego, tu as été une source de motivation pour moi et tous les autres jeunes du monde, car tu nous as permis de croire en nos rêves. Quels que soient les obstacles qui s'imposent sur le parcours. Tu es parti de rien, dans la pauvreté, à jouer avec tout ce qui pouvait te servir de balle dans les rues de Buenos Aires. Jusqu'au sommet du monde. En 1986, en portant ton équipe jusqu'à la récompense ultime dans la carrière d'un joueur.

Tu avais une personnalité très introvertie dans le monde du sport et de la société en raison de tes relations peu recommandables, de tes dérapages verbaux et de ta dépendance à la cocaïne. Je trouve que ça faisait de toi un immense talent brut qui était là, seulement pour faire ce qu'il aime, jouer au football, oublier les problèmes.

[...] Tu représentais si bien notre peuple argentin. Nous, les jeunes Argentins, avions la motivation pour réussir, car voir un homme de notre pays devenir une grande star mondiale nous vendait beaucoup de rêves.

Diego m'a inspiré, par la force qu'il avait pour montrer tout son talent, en étant toujours dans la joie et la bonne humeur pour partager sa passion avec les différents supporters, venus du monde entier, qu'il faisait se lever avec des golaços*, comme on dit en Amérique du Sud, et ses gestes venus d'ailleurs. À part nous, il a influencé beaucoup de grands joueurs actuels, comme un certain Lionel Messi, Dybala, Mbappé et plein d'autres encore.*

Diego, tu as aussi permis à notre pays d'avoir une plus grande visibilité aux yeux du monde et donc tu nous a permis de nous rêver en peuple du football.

Aujourd'hui, la promesse que je te transmets à travers cette lettre et que, quel que soit mon métier, j'espérerai toujours le faire avec la bonne humeur et le sourire. Tout d'abord, aimer ce que je fais, comme tu nous le montrais si bien, Diego.

D'un de tes chers disciples,

Youri Annette

67 ANS

SCHOLASTIQUE MUKASONGA

Félicien, mon maître, te souviens-tu d'une petite élève qui s'appelait Scholastique ? Il y a si longtemps de cela... Je ne devais pas être ta chouchoute, puisque tu m'avais placée sur le dernier banc. Les garçons, ceux qui levaient les premiers la main en claquant des doigts, ils étaient toujours devant. Moi aussi, je claquais des doigts, j'avais la réponse à la question, mais tu ne me voyais pas. Aujourd'hui, si j'ose t'écrire, c'est que c'est un peu grâce à toi que je suis devenue écrivaine - oui, Félicien, j'écris des livres, même les femmes à présent écrivent des livres - puisque c'est toi qui m'as appris à lire et à écrire et le français aussi, que j'utilise dans mes livres !

Tu vois Félicien, j'étais bien attentive à tes leçons. Si je te tutoie c'est pour mieux me rapprocher de toi. Peut-être, après tout, es-tu fier de moi désormais : je ne suis finalement pas un tonneau vide. Car, Félicien, tu désespérais que nous ne retenions rien de tes leçons. Tu nous traitais de tonneaux percés et surtout nous, les filles.

Je me suis bien appliquée : je craignais ton bâton, Félicien, le bâton du maître qui ignorait la pitié pour les distraits et les paresseux.

Félicien, je te revois quand chaque matin, tu présidais à la rentrée des classes. C'était une cérémonie grandiose aux yeux de la petite fille que j'étais. J'arrivais dans la cour à bout de souffle tant j'avais peur de ne pas arriver à l'heure. Ton bâton ne supportait pas les retards ! 7 heures du matin, c'était l'heure de la rentrée dans toutes les écoles, dans tous les bureaux des fonctionnaires. L'heure de la rentrée, il n'y avait que toi qui la connaissais, Félicien, puisque tu étais, à Nyamata, l'une des rares personnes à posséder une montre avec le bourgmestre et l'agronome et peut-être l'infirmier du dispensaire (je ne compte pas bien sûr les bons pères de la mission). Le rituel quotidien de la rentrée en classe me semblait plus solennel que celui de la grand-messe du dimanche. D'abord il y avait un battement de tambour (je ne sais plus qui était le tambourinaire, en tout cas pas une fille, sacrilège si une fille avait osé toucher à un tambour !), aussitôt on s'alignait bien en rangs face au mât où on allait hisser le drapeau du pays. Les grands se mettaient au garde-à-vous comme des militaires, les petits essayaient de les imiter. Les filles cessaient leurs bavardages. À ton signal, Félicien, le drapeau montait le long du mât tandis que nous chantions à pleins poumons l'hymne national. On battait à nouveau le tambour et les élèves allaient se ranger devant leur classe : une file pour les garçons, une file pour les filles. Le tambour battait pour la troisième fois : on rentrait en classe en silence, sous ton œil vigilant.

On passait un par un devant toi et c'est alors, au moment de franchir le seuil de la maison de tous les savoirs, que tu inspectais nos crânes. Ils devaient être, selon ta loi impitoyable, parfaitement rasés, lisses, sans le moindre soupçon de duvet égaré. Qui t'avait appris ces mesures d'hygiène que tu appliquais avec tant de rigueur ? Était-ce à l'école pédagogique ? Croyais-tu avoir pour mission d'éradiquer ces parasites qui élisent pour habitat la chevelure humaine ? L'épouillage en famille est pourtant un moment de repos où on peut échanger entre sœurs confidences et conseils. Ou bien, secondant les bons pères de la mission, voulais-tu nous éviter le péché de coquetterie qui s'affiche avec tant d'impertinence dans les fantaisies capillaires des jeunes filles ? Peut-être t'en souviens-tu, Félicien, j'étais, moi, pauvre Scholastique, dotée d'une chevelure surabondante. Sans doute la nature avait-elle cru bien faire, mais à l'école, elle faisait mon malheur. Chaque matin, un rasoir, aux usages douteux, peinait à venir à bout de ma broussaille opiniâtre. Mais souvent, quelques poils rebelles avaient nargué le rasoir et ils n'échappaient pas, Félicien, à tes investigations vétilleuses. J'étais donc interdite de classe. J'allais chercher secours auprès d'une commerçante du marché qui m'avait prise en amitié. Elle procédait à l'ultime finition de ma tonte. Je pouvais enfin, dignement, me présenter en classe. Je ratais, de fait, toujours la prière récitée par un élève que tu avais désigné, Félicien, un garçon, jamais une fille, et toujours le chouchou du moment.

Rassure-toi, je ne t'en veux plus maintenant.

Au tableau, tu avais écrit quelques mots de français. Tu nous distribuais aussi un petit livret mal stencilé où une colonne de mots kinyarwanda faisait face à une colonne de mots français. Ces mots français, qu'ils soient au tableau ou sur le petit livret, tu les prononçais lentement, en détachant bien les syllabes et nous les répétions en chœur, avec beaucoup d'ardeur et peu à peu le rythme en faisait comme une chanson. Je ne sais plus comment ils finissaient bien sagement par se ranger en phrases.

Félicien, la première fois que j'ai lu dans un livre, c'était dans ta classe. Ces livres, tu les réservais aux élèves de la dernière année, l'année fatidique qui aboutissait à l'examen national qui donnait accès au secondaire. Il n'y en avait pas beaucoup à aller au lycée puisqu'un quota de 10 % limitait le nombre des Tutsis. À Nyamata, je crois, personne n'avait encore réussi l'examen, et si quelques-uns l'avaient réussi, jamais ils ne s'étaient vu attribuer une place dans un collège ; cela ne m'empêchait pas de préparer l'examen avec ardeur.

Félicien, te souviens-tu de mon père le jour de l'examen national ? Lui aussi, il avait un bâton, paternel celui-là. Te souviens-tu ? Il était resté assis, collé à la porte d'entrée de la salle d'examen, son bâton à la main. Comme le tien, le bâton de mon père ne connaissait pas la pitié, impossible de m'échapper de cette salle où il m'avait conduite sous la menace, impossible d'aller rejoindre ma mère au champ.

Je ne sais pas au juste si je voulais la rejoindre

pour cultiver à ses côtés ou plutôt pour écouter ses contes. J'avais une fascination pour les histoires des rois du temps jadis. J'en demandais encore et encore. Mon père ne voulait rien entendre de ces histoires d'un passé glorieux qui était maintenant bien loin de nous dans notre exil de Nyamata. Pour lui, seule l'école pouvait sauver sa fille, Mukasonga. Est-ce pour cela qu'il m'avait donné ce nom prémonitoire ? « Songa » - qui signifie « sommet » ? Et oui, à la surprise de tout le monde, et surtout à la tienne, Félicien, j'ai été admise au lycée Notre-Dame-de-Cîteaux, le lycée où l'on formait la future élite féminine, dans la capitale, à Kigali.

Veux-tu que je te donne ma recette ? Ton bâton, celui de Cosmas, mon père, les contes de Stéfania, ma mère : tu mélanges tous ces ingrédients, tu touilles et tu obtiens une écrivaine.

Oui, Félicien, j'écris des livres, je suis même devenue une écrivaine connue et reconnue. Mes livres sont lus partout dans le monde, et pas seulement en français et en kinyarwanda, mais dans une multitude de langues.

Tes livres, Félicien, ils étaient pour toi si précieux que tu les enfermais à clé dans une petite armoire. Avant de les distribuer, tu nous faisais un long discours sur les précautions et le respect avec lesquels nous devions les manier. Il y en avait un pour deux ou pour trois. Je me tordais le cou pour jeter un œil sur la page qu'entendait accaparer pour elle seule ma grosse voisine. Le manuel s'appelait Matins d'Afrique. *Mais cette Afrique, ce n'était pas tout à fait la nôtre : elle était pleine de mots étranges, des baobabs, des marigots...*

que toi-même, Félicien, tu avais bien de la peine à nous expliquer. Mais tes livres contenaient aussi des histoires merveilleuses dont chaque élève à son tour lisait un court passage, des histoires peut-être pas tout à fait aussi belles que les contes de ma mère, qui, eux, n'étaient pas dans les livres.

Félicien, on te respectait au village. Tu étais pour tous un grand savant. On disait même que tu possédais des livres, chez toi. On les avait vus sur une étagère de ton salon. Au moins cinq, peut-être dix, exagéraient certains. Sais-tu qu'en Europe, il y a des maisons rien que pour les livres, des bibliothèques où les livres couvrent les murs, grimpent jusqu'au plafond. Il me faut toujours aller chercher, tout là-haut, en tremblant, sur une passerelle vertigineuse, le livre que je dois absolument lire. Alors je ne peux m'empêcher de me demander si ma vie sera assez longue pour lire tous ces livres, et puisque, moi aussi, j'écris des livres, comment j'ai pu écrire après ce que tant d'autres ont écrit.

Cher maître, j'ai longtemps hésité à t'écrire cette lettre, à toi qui m'as appris à lire, toi qui m'as appris à écrire, toi qui, le premier, m'as appris le français. Il n'est jamais trop tard pour t'en remercier, Félicien.

Ta petite écolière,

Scholastique

17 ANS

F.D.

Chers camarades du collège,

Je vous écris aujourd'hui pour essayer de comprendre pourquoi vous m'avez fait du mal. Je vous considérais comme une famille - c'est peut-être ça mon problème je m'attache et fais confiance trop facilement. Quand j'étais petite je n'avais qu'un seul rêve : devenir chanteuse et actrice et plus je grandis plus je me dis qu'en fait mon plus grand rêve serait d'être aimée et respectée pour celle que je suis réellement et non pour celle que je m'oblige à être devant vous.

Alors oui je suis différente de vous mais ce n'est pas une raison pour me faire du mal comme vous l'avez fait. Le fait que je sois différente ne veut pas dire que vous ayez le droit de me harceler comme vous l'avez fait, de m'insulter au téléphone ou encore de me faire pleurer au collège.

Je me sens différente de vous parce que j'ai des problèmes psychologiques ; par exemple je parle toute seule, je vois et entends des choses que personne ne voit et n'entend. Dès que je vous en ai parlé, vous m'avez dit que vous me trouviez folle.

Au début, je ne me rendais pas compte que ça me blessait et plus le temps passe plus je me rends compte qu'en fait [c'était le cas], ça me faisait de la peine.

Des fois, en rentrant du collège, je pleurais dans mon lit toute seule pour que personne ne me voie.

Tout ça pour vous dire que je ne vous déteste pas mais j'espère que vous avez compris que ça me blessait et que ça me rendait triste.

F.D.

MACKENZY ORCEL

Bonjour Maman,

C'est impossible une lettre. De quoi peut-elle prétendre être l'esquisse, le raccourci... Revenir à un endroit du monde, de nous, et le donner à voir, quand tout semble être muselé par l'implicite, la tyrannie des occurrences ? Pourquoi sortir du silence, se déprendre de l'ombre, marcher vers toi qui n'as jamais rien raconté d'autre que la trajectoire de l'absence, que tu dessines telle une étoile à sa plus haute séquence lumineuse.

Maman,
Je rêve de pouvoir t'écrire, tenter de réparer le tissu déchiré du lien visible, lire dans ta paume ces chemins inachevés, morfondus dans leur anonymat, te regarder te perdre si intensément dans tes pensées qu'elles finiraient par être les miennes, recommencer le voyage depuis ce maudit

matin de ton arrivée dans ce quartier, synthèse de toutes nos défaites, mais où la solidarité s'est toujours montrée plus forte que l'amour… T'écrire, cette idée me remplit au point parfois d'avoir mal. Ce n'est pas faute d'avoir essayé, mais les mots, au bout d'un instant, se dégonflent, refluent, changent de trottoir, contestent le temps qui meurt pourtant d'envie d'aller quelque part, tandis que je fixe la nuit, réécoute mes peurs, traverse mes larmes à la nage, remâche mes doutes, mes corps cassés, d'outre-tombe.

Maman,

Je pense à toi, tous les jours, en attendant que la langue, gardienne des mondes visibles et invisibles, veuille bien ouvrir le passage vers ce corridor, cette pièce – une tombe en vrai – où tu m'as élevé seule… vers une des pires versions de ce pays. Je te revois porter sur la tête le soleil entier, des averses, des jours incertains, avaler les couleuvres humaines, les recracher, reprendre ta marche à la recherche d'une chose qu'on osait appeler vie, mais qui se refusait à l'être, car à peine voulait-on l'attraper qu'elle glissait d'entre nos mains comme le sable du désert – voilà un mot (désert) que tu n'as pas eu la chance d'admirer de ton vivant, et d'autres comme aurore polaire, migration d'oiseaux, champ de coquelicots en fleurs, ou de tournesols sous un coucher de soleil, bateau en partance…

Je te revois t'inquiéter, te demander ce qu'il adviendra de nous, du monde, me réveiller, m'exhorter à lever les yeux, ne regarde pas tes pieds. Le ciel seul était la limite. Tu voulais que je l'apprenne, ça, l'imprime en moi. Je te revois aimer, tomber de très haut, te relever... Suis-moi, ta voix était le chemin.

Les printemps vivent sur mesure. Ce serait mieux d'oublier et survivre, mais comment depuis la gueule froide et ensanglantée d'un monde qui ne ressemble de plus en plus à rien, qui s'effrite... Toi qui es désormais du bon côté de la vérité, pourquoi voudrais-tu que je te parle de tout ça ? De mon fils, oui. C'est lui qui a sorti ta photo du tiroir où je l'avais cachée et l'a déposée sur mon bureau, afin qu'on puisse te voir tous les jours... Et sans te faire prier tu as repris ta place à nos côtés.

Certaines nuits je t'entends marcher dans l'appartement. C'est lui qui a tout compris, mon fils, l'oubli ne suffit pas.

Maman,
Ce que j'aimerais te consacrer c'est un livre, un lieu sans commencement ni fin, comme les soirs, le silence, l'horizon, l'aube chantante, les humeurs du temps, une longue chronique de nos souvenirs, ou une chanson fraîche pour l'amour des mortels. La littérature empoigne le monde jeté par-dessus bord. Un livre ouvert à l'utopie des mers, où les rêves sautent sur tes mots, tes gestes, ton regard, ta distance. Un livre qui effraie tous ceux qui seraient tentés de ravir notre liberté. Enfin, une patrie pour nous.

C'est injuste de vieillir quand on a eu que sa mère. On est ravagé par l'idée de devenir trop grand pour être son fils. J'ai donc arrêté de grandir depuis le 24 février 2019, le jour de ton départ, en attendant, parfois avec le sourire aux lèvres, de te retrouver loin d'ici.

Merci, maman.

Makenzy

18 ANS

AMEL BOULOUIZ

Ma chère amie,

à toi qui t'amusais, jamais dérangée lorsque le professeur usait de blagues pour ridiculiser,

à toi, ma chère amie qui, un jour, as décrété que mes cheveux naturels étaient bizarres et moches

[...]

à toi, ma chère amie, qui m'invitais chez toi seulement sous prétexte que je n'étais pas comme les autres « Arabes »,

à toi, ma chère amie, qui n'étais jamais dérangée lorsque l'un d'entre vous insultait et traitait un joueur de foot de « nègre » ou de « bougnoul » devant un match de demi-finale de Coupe de monde.

« En France, on n'est pas raciste on a la liberté d'expression »,

« On peut rire de tout mais pas avec tout le monde apparemment », disaient-ils sur un ton ironique.

Vos blagues presque incessantes faisaient écho chaque soir dans cette chambre d'une enfant qui ne savait pas réellement qui elle était. Trop maghrébine en présence de personnes blanches, et d'un autre côté trop blanche pour ses camarades maghrébins. Je me sentais française, j'ai longtemps eu honte de mes origines. Grandir loin de mon pays dont je ne connaissais pas l'histoire hier encore.

Je suis française sur deux générations et pourtant mon visage dessine le passé de mes ancêtres algériens.

Mon amie, ou plutôt toi, juste toi que je ne savais plus considérer, tu as brisé le peu de confiance que j'avais par tes paroles muettes et tes actes, tes actes manqués.

Quelques années plus tard, cela m'a fait un choc lorsque plusieurs personnes que je ne connaissais pas m'ont répété plus ou moins la même chose :

« T'as de la chance, toi, tout te sourit, t'as des bonnes notes, tu réussis dans tes relations amicales, t'as une famille. T'es une privilégiée, toi. »

C'est donc ça que je leur renvoyais comme reflet ?!

J'aurais aimé leur répondre :

« Non, je n'ai pas le choix. Honnêtement je viens d'une famille modeste. J'ai eu un père parti beaucoup trop tôt que je n'ai jamais réellement considéré comme tel (nos échanges étaient froids). J'ai été éduquée par des femmes, c'est pour cela

*que je n'accepte aucune autorité masculine.
Un Smic pour quatre + la maladie qui frappe à l'âge de 13 ans : on se sent à l'écart des autres filles.
Le privilège c'est de ne pas avoir à penser à qui l'on est ou ce que l'on doit refléter pour se faire accepter. »*

Pour être honnête, tout ce que j'ai su leur répondre fut un « merci c'est gentil, j'ai des facultés. »

Je ne sais pas si c'était par pudeur de leur avouer qui j'étais profondément ou par peur de gâcher un idéal qu'ils pensaient exister. J'ai préféré laisser ce silence. Un silence qui reflète le bruit de toutes ces choses que l'on ne se dit pas.

54 ANS

DOROTHÉE PIATEK

Papi,

Tu me regardes depuis la photo accrochée à proximité de mon bureau. Dessus, tu souris à mamie que tu tiens dans tes bras. Je vous trouve beaux sur cette image en noir et blanc aux contours dentelés. Vous semblez complices. Chaque jour, mes yeux se posent sur ta bouille généreuse qui invite aux baisers.

Tu es passé trop furtivement dans ma vie, je n'ai profité de toi que pendant six années. Comme tous les enfants, je vivais, j'étais, ne pensant ni à la vie ni à la mort.

Mais un matin, mes parents m'ont laissée assise sur la banquette arrière de la voiture garée devant ta maison en me demandant de ne pas bouger et d'être sage. Quand ils sont ressortis j'ai compris que rien ne serait plus comme avant.

J'ai le souvenir d'une absence pesante à mon premier retour chez toi. Les semelles de tes charentaises ne frottaient plus sur le lino et le tabouret depuis lequel tu lisais le journal, mangeais et me prenais sur tes genoux, restait désespérément inoccupé. Sais-tu que ce siège est toujours resté vide après ton départ et que cinquante ans plus tard il dort dans un coin de ma chambre ? Personne ne s'assoit jamais dessus parce qu'il reste tien et porte ton souvenir. Ce tabouret de bois ordinaire est devenu extraordinaire.

J'ai l'image de toi posé devant le poêle, de ton corps avachi dans un fauteuil club couleur tabac où tu faisais la sieste, de toi fumant la pipe, de toi entrant dans le cagibi de la cour pour entretenir ta passion des canaris. Je me souviens des œufs mouchetés qu'il ne fallait pas toucher, juste observer, puis des frêles oisillons aux corps déplumés ouvrant grand leur bec pour réclamer à manger.

Je vois le reflet de ton visage badigeonné de savon à barbe dans le miroir de l'armoire à pharmacie en bois fabriquée de tes mains. J'entends encore le son du coupe-chou grattant ta peau.

Et cette cave où tu passais des heures entières… J'avais si peur d'y croiser un insecte en descendant ses marches de briques rouges. Mes petites mains évitaient de toucher les murs où mamie suspendait ses balais. Dans cet espace voûté mal éclairé couraient des étagères couvertes de boîtes métalliques remplies de trésors. C'était ton antre, ton lieu secret où résonnait parfois le son d'une petite radio à piles que tu posais sur l'établi.

Si j'avais su qu'un jour tu disparaîtrais, que le ciel était capable de t'emporter, je t'aurais posé mille questions. Mais à 6 ans on ne pense pas que les gens qui nous aiment puissent partir comme ça, si vite, sans avoir le temps de dire au revoir.

Si l'on m'avait expliqué, alors je me serais assise sur le rebord de ton lit et j'aurais tenu tes mains, j'aurais embrassé ton front. Je me serais collé à toi en te disant « je t'aime » et je t'aurais promis de veiller sur mamie.

De là-haut as-tu vu que j'ai pris soin d'elle jusqu'au bout ?

Je n'ai pas eu le temps de te dire de vive voix tout le bien que je pensais de toi, je n'ai pas pu t'écrire avec mes mots d'enfant combien tu avais été important, te dire merci pour ces promenades durant lesquelles je tenais fièrement ta main quand nous allions ramasser des marrons et des glands au pied des arbres du jardin public ou quand nous traversions la large avenue pleine de voitures pour aller acheter le pain.

Sais-tu papi que je garde aussi le souvenir de ces après-midi à te regarder pâtisser sur la table en formica ? J'ai aujourd'hui encore le manque de l'odeur de tes cramiques au sucre qui embaumait toute la maison à mon retour de l'école. Je n'avais à l'époque aucune conscience du grand pâtissier que tu étais. Aujourd'hui je feuillette les articles de presse que j'ai retrouvés il y a peu et mesure le talent que tu avais pour réaliser toutes ces œuvres en massepain et en chocolat qui t'ont valu d'être primé et photographié dans ton tablier blanc. Tu étais un artiste et je saisis combien ta sensibilité était grande, peut-être trop grande pour que tu supportes la vie sans faire quelques pas de côté... Mais je ne garde que le bon parce que ce sont tes bons côtés que, du haut de mes 6 ans, j'ai connus et dont je garde l'émouvant souvenir.

Quotidiennement ton visage apparaît dans mon esprit, mais j'ai oublié le son de ta voix. Je ne me souviens plus de ton langage, ni de tes gestes ; seules quelques bribes de ton accent belge me restent en tête. Est-ce grâce à toi que j'aime tant la Belgique ? De là-haut as-tu vu que j'étais partie étudier dans ton pays ? Est-ce à cause de toi que le sucre est mon meilleur et mon pire ennemi ?

Je ne sais rien de ta famille, de tes parents, de tes frères et sœurs. Je ne sais rien de tes ressentis, de tes envies, des tracas qui furent tiens. Je n'ai pas eu, nous n'avons pas eu le temps de partager tout cela ensemble.

Je voulais te dire merci pour les bonheurs simples que tu m'as apportés durant six années. J'ai continué de grandir sans toi, mais avec ton souvenir. J'espère que tu es heureux et un peu fier de voir quelle femme je suis devenue...

Je te vois partir une dernière fois dans ta Renault 4L bleue EDF et je t'envoie des baisers et tu m'envoies des baisers.

Ta petite fille
Dorothée (Dorloté)

16 ANS

KEYLA NONGNI

À un être parti trop tôt,

Je me souviens du premier regard que tu as posé sur moi, ce regard rempli de chaleur et de bienveillance.

Je vois en toi cette femme battante qui a mené de nombreux combats pour offrir à ta famille les meilleures conditions de vie possibles.

Je me souviens encore du sourire sur ton visage, qui soignait toutes mes blessures aussi profondes qu'elles soient.

Jaune, cette couleur qui me vient en tête lorsque je pense à toi.

Jaune qui représente le soleil, car tu étais le soleil de ma vie.

Jaune qui représente la douceur de tes plats avec leurs doux parfums qui m'enivraient.

Te souviens-tu encore lorsqu'on jouait ensemble à ton jeu de cartes sur ta tablette ?

[...]

Mais il y a également tous ces souvenirs qui m'ont marquée à jamais.

Chaque sourire échangé. Chaque plat partagé. Chaque soirée ensemble que l'on aurait voulu ne jamais voir se finir.

Ce jour où je t'ai vue dans une belle et longue robe blanche, allongée non pas sur ton lit mais dans cette salle froide, grise, dans laquelle je t'ai vue pour la dernière fois, dans ce cercueil. Mon cœur en fut déchiré et mon âme meurtrie.

Cela fait bientôt cinq ans mais je ne comprends toujours pas comment tu as pu me laisser.

Grand-mère, pour une dernière fois je te dis au revoir.

32 ANS

BLANDINE RINKEL

Cher Éric D.,

Vous étiez mon professeur, à Rezé dans la banlieue de Nantes. Officiellement, vous enseigniez l'anglais mais ce que vous nous appreniez surtout, c'était l'envie. D'humour, de lectures, de musique.

Comment transmet-on le désir ? Vous aviez vos trucs. Le principal, c'était dans l'œil ; un mélange de gravité et de malice. Un twist inédit, qui nous faisait comprendre à nous qui d'abord n'avions pas 15 ans, que, dans la vie, tout était à la fois très important, potentiellement grisant, et complètement désespéré. Une torsion qu'on appelle, surtout dans les pays anglo-saxons, l'humour. « Life is hard, and then you die », *aviez-vous l'habitude d'asséner, en vous levant pour poser, sur votre bureau, une montre à gousset. Grâce à vous, nous avions découvert* Le Cercle des poètes disparus, *dont vous sembliez être un évadé.*

Vous vous exprimiez avec des syntagmes uniques. Au lieu de dire « Faites attention », vous nous avertissiez : « Achtung, bicyclette, pompe à vélo ! » Avec panache, quand on se plaignait de quelque devoir à faire, vous rappeliez « Be brave and courageous ». Quand vous perdiez notre attention, vous nous demandiez de nous lever. « Can you take a sheet of paper and stand up, please ? » Une fois debout, vous finissiez par nous faire rasseoir. Tout était alors plus calme. Vous saviez l'impatience des jeunes corps immobiles. Vous nous rappeliez que l'attention est aussi une affaire de tension ; tension qui décline, et qui s'élève à nouveau. « STARTING NOW ! » ; quand vous nous présentiez un exercice, vous lanciez son exécution par cette exclamation, qui donnait à penser que tout, même un examen blanc, pouvait être considéré comme un jeu.

Un jeu très sérieux.

La vie était un jeu sérieux, oui, un casse-tête qu'on pouvait essayer de résoudre, avec le plus d'outils possibles. Outils que l'école pouvait, entre autres, nous transmettre. Elle était là pour ça. Vous étiez là pour ça. Pour nous donner des clés manquantes. Des clés, ou, disons, des codes, à même de débloquer des niveaux d'existence - comme on parle de level de jeux. Quant aux examens, ils n'étaient qu'un détail. On les passerait bien sûr, et on se devait de les réussir, achtung, mais l'important était ailleurs. L'important était partout ailleurs.

Parfois, alors que nous arrivions en classe, vous vous contentiez de diffuser un morceau de musique, sans prononcer un mot. Votre regard s'absentait alors. Vous ne souriiez pas. Vous ne vous expliquiez pas. Nous avions, dans ces moments, à la fois envie de rire et d'écouter. C'était absurde et l'absurde réveille, bien sûr, mais ce n'était pas que ça. C'était surtout qu'il y avait là, face à nous, un homme. Pas seulement un professeur qui joue au professeur comme d'autres au garçon de café. Il y avait là un humain. Un semblable. Alors nous écoutions.

Vous nous enseigniez l'anglais comme un moyen, parmi d'autres, d'être à même de bâtir une existence qui en vaille la peine. Souvent, à la fin de l'heure, vous notiez en vrac, sur le tableau, des auteurs et autrices à aller lire, si nous le voulions, des noms qui n'avaient plus rien à voir avec votre matière, mais avec notre curiosité. Comme des mots de passe. Je n'en ratais pas un.

Cela fait longtemps que je souhaite écrire cette lettre, et que je ne le fais pas. Je vous dois tant que je n'ai jamais osé vous l'écrire. L'asymétrie qu'une telle lettre implique.

J'avais 13, 15, 17 ans et j'avais grandi au bout d'une impasse, dans une ville moyenne. J'ignorais ce qu'il était de bon ton de connaître ou de citer. Je n'avais aucune idée des études que je ferais, du métier que j'oserais envisager. Mais grâce à vous, je voyais enfin mon désir et mes lectures secrètes (celles qui, d'ordinaire, ne servaient jamais à l'école) comme des forces. Il n'y avait plus d'un côté l'école et le travail, et de l'autre la vie. Tout cela, désormais, communiquait. Et les passages secrets entre ces mondes s'appelaient l'humour et la curiosité. Voilà ce qu'à l'adolescence, vous m'avez révélé. Comme ça, l'air de rien, et pourtant pour la vie. Par la surprise et par la grâce - alors merci.

Blandine

16 ANS

NAMIRANDA HOYD

Lettre à Louis et Arno pour tenter de leur expliquer.

Les gens disent souvent : « Elise est un ange, elle est tellement gentille ! »

Oui, Elise est parfaite jusqu'à ce qu'un intrus lui arrache son masque et que tous découvrent ce qui se cache derrière.

Aujourd'hui elle avouera la vraie raison pour laquelle elle se trouve ici, dans cette unité psychiatrique pour adolescents.

Non, ce n'est pas à cause d'une phobie scolaire, ni d'un profil neuro-atypique, ni d'une maladie mentale, ni d'un trouble de la personnalité.

Revenons en arrière. Revenons en 2020.

Un jour, pour gagner la sympathie d'une professeure, elle dénonça tous les élèves qui avaient séché son cours de musique. Bien sûr, un camp solide se forma contre elle au collège, l'appelant « poucave » ou « pookie ».

Des doutes et des rumeurs se mirent à circuler à son sujet. Pourtant, elle continuait à parler dans le dos des élèves et à mentir pour leur faire du mal.

Sa réputation de bonne élève angélique qu'elle avait bâtie depuis son arrivée au collège se désintégra sous ses yeux sans qu'aucun autre mensonge puisse faire perdurer l'illusion.

Chaque matin, elle était rongée par l'anxiété d'aller au collège.
Son père croyait que c'était la faute de son autisme et de sa rigidité. Faux!
Les psychologues pensaient qu'il s'agissait d'une phobie scolaire. Faux!

Le mensonge ultime, celui qui fit tomber son masque et la mena ici, débuta le jour où elle prétendit que deux garçons l'avaient poursuivie pour l'insulter et la harceler. En créant des faux détails choquants qui les incriminaient sans l'ombre d'un doute, Elise simulait à la perfection tous les symptômes d'un choc post-traumatique. Au moins, papa légitimait ses sentiments.

Bref, les deux garçons furent arrachés du cours de musique et convoqués chez le principal. Les autres élèves connaissaient le serpent qui se cachait derrière le magnifique paon qu'avait créé Elise. Mais ils ne comprenaient rien et n'osaient rien dire.

Quant à Elise, il fallait qu'elle sauve sa réputation à tout prix. Ces deux garçons et leur agression imaginaire devaient absolument devenir les seules raisons qui l'avaient conduite à être hospitalisée.

Rien d'autre ne pouvait être vrai.

Aujourd'hui, moi, Elise, la fille angélique, la fille démasquée, oui, j'avoue.

Je suis désolée, Louis et Arno.

Arno, j'ai prétendu que tu étais fou amoureux de moi et que je t'avais rejeté pour expliquer ton comportement irrespectueux. Finalement, je me suis tellement prise à mon propre jeu que je ne savais plus vraiment ce qui était réel ou fictif.

Ce qui est sûr, c'est que le paon, le serpent, la fille angélique que je n'étais pas, vous demande pardon.

36 ANS

MICHAEL ROCH

Ed, j'ai compris un truc.

Édouard, je dis Ed, tu permets ? Oui, j'ai compris un truc, Édouard.

J'ai compris quelle était la couleur de l'imprévisible.

Je l'ai compris lorsque je suis parti. Lorsque j'ai tout quitté, tranché d'un geste ferme la racine, l'immuable racine que ma famille, mes amis, le monde entier voulaient m'imposer. Oui, il aura fallu que je m'arrache, que je me tire, que je m'aliène, que je devienne autre, c'est-à-dire que j'incarne la couleur, pour qu'elle survienne, qu'elle surgisse en moi et jaillisse devant mes yeux. Que je la découvre, autant que je me suis redécouvert, en quittant tout.

Mais on a beau, tu vois, tout fouiller, tout creuser, fragmenter ou décombler, on a beau sonder les cieux, les horizons et les fonds marins, la couleur, tu ne la verras pas si tu ne fais que partir, voguer, errer. Beaucoup l'ont fait avant nous, si tu ne fais que vagabonder, tu ne dénicheras rien de l'imprévisible. La surprise, peut-être, la curieuse fugacité, souvent, mais la couleur de l'imprévisible, jamais.

Tu vois Ed, si je suis parti, c'était pour trouver l'imprévisible. Je t'appelle Ed, tu permets, c'est pour te rappeler à quel point on était frères, avant mon départ. J'ai bien vu dans tes yeux, ce jour-là, que t'avais pas compris mon choix. Mais c'était ma couleur, en réalité, ma propre couleur imprévisible que tu percevais, sans capter, sans la saisir. Tu as refusé, je pense, de la voir briller.

Je vais te partager ce grand secret, Ed, celui que j'ai chiné au bout du monde : la couleur est partout.

Elle est dans le désordre organisé du hanneton, dans le mécanisme inconscient des logiciels, le tourbillon cohérent de nos planètes, la longue réponse des montagnes lorsqu'elles se déplacent… Et tu la verras dans toute sa merveille lorsque tu auras pris conscience de ta propre couleur, Ed, de ta propre danse dans le mouvement du monde ; ta couleur y a sa place à l'égal de toutes les autres.

La couleur, tu en feras la rencontre seulement si tu considères toute la force qui s'agite déjà en toi. Le souffle de vie, oui, celui qui te porte vivant et, au-delà du vivant, qui te relie en tant qu'existant à tout le reste de l'existant. Ce qui te rend unique au sein de tout l'en-commun. Elle est là, la couleur, en toi et tout autour en même temps. Ici-là et ici-dans, dirais-tu. Dans la personne et la non-personne, dans l'humain et le non-humain, le tangible et l'invisible, le non-vivant, l'oublié, le désappris.

Je me souviens, j'ai vu ta tristesse, le jour où je suis parti ; ta gorge qui se serre, tes yeux qui veulent sourire, mais qui n'y parviennent pas. J'ai senti ton corps soudain projeté à des éons du mien, face à la confiance que j'accordais à l'indigo de mes possibles. Je suis parti. Je suis monté dans l'avion. J'ai enjambé l'eau. Je garde l'image de tes mains qui tressaillent, puis se ferment sur mon improbable retour.

En moi, l'idée tenace de rester sur ma route, d'arpenter ma seule et propre vie, d'estimer ma force, de mesurer ma propre densité. J'étais en paix d'avoir à vivre l'incertitude des lendemains et je suis allé toucher l'imprévisible. J'ai capturé son débord et organisé mon chaos.

Pour trouver le secret, la couleur de l'imprévisible, il me fallait faire deux fois le tour du monde, il me fallait sillonner alentour et m'affouiller aussi, fouiller au plus profond de moi. Il me fallait reconnecter ce que le monde, mes amis, ma famille, avaient déconnecté de mon individuité, de ce qui me rend unique et différent, puis laisser surgir mon imprévisible et, enfin, me relier à nouveau au monde.

L'imprévisible, c'est-à-dire tous mes possibles, ne se révèle qu'en relation à l'en-commun, de la manière la plus horizontale possible, sans prédation, sans domination, sans exploitation de l'autre.

Édouard, d'île en île et de jour en jour, la couleur de l'imprévisible s'est révélée à moi, évidente. Elle est celle des gens qui grandissent, qui découvrent, qui changent en échangeant – tu disais ça, souvent – qui se morfwaz*, en somme, et voient le monde de plus loin. C'était la couleur peinte* *sur les chambranles des gens libres, la couleur des lessives à blanchir dans les rivières, de l'encre qui patrouille dans les veines de l'humanité blessée, celle du chant des damnés, des gens qui œuvrent sans voix, des taches sur leur peau et, depuis les tissus ancestraux, celle des lignes de courants qui s'étirent à la surface des océans, la couleur enveloppante des cimetières abyssaux.*

Ed, si ma lettre te parvient, c'est parce qu'il n'y aura pas de retour pour moi. Il n'en a jamais été question. L'imprévisible est un élan continu, vers un possible encore inconnu. Édouard, si ma lettre te parvient, elle accompagne mon plus grand souhait : que tu trouves à ton tour cette couleur au détour du mystère.

Ton frère.

19 ANS

LINA

Souleymane,

Tu as encore oublié de fermer la porte en partant de la maison. Je devais simplement t'écrire un pense-bête pour la prochaine fois. Je n'ai pas trouvé le paquet de post-it, que tu m'as sans doute piqué, alors j'ai pris cette feuille. Elle est bien trop grande pour écrire une petite phrase que tu ne liras pas, mais un carré de papier est trop petit pour tout ce que j'ai à te dire. Je ne me voyais pas déchirer un bout de cette feuille, il fallait que je la remplisse avant ton départ.

En réalité, j'ai toujours eu un peu peur que tu la fermes, cette porte, derrière toi. Tu pars avant moi de la maison alors que tu es plus jeune que moi, je ne voulais pas m'avouer que je savais que tu serais le premier à partir. Mais détrompe-toi, cette lettre n'est pas un ramassis de conseils pédants comme je n'ai d'ailleurs jamais su le faire. Je voulais seulement te dire de faire attention à toi. Ne pars pas trop loin car je veux que tu saches que c'est ici que tu peux revenir même si je t'ai toujours vu, le regard évasif, prêt à t'envoler au moindre courant d'air. J'en ai rêvé moi aussi. J'ai juste eu peur de me faire confiance et de vous laisser seuls. Ne fais pas cette erreur, tu as le droit de devenir qui tu souhaites et tu ne dois pas t'empêcher d'y penser. Maintenant, je veux te dire une autre chose, j'ai peur que tu nous oublies, comme cette porte que tu n'as pas fermée. Je te laisse ma clef, comme ça tu pourras revenir. Tu nous raconteras ton voyage et tout ce que tu n'as pas osé nous dire. Si tu aimes écrire, tu nous écriras aussi, comme quand tu étais petit. J'espère que tu ne vas pas oublier.

Je me rappelle de toutes ces fois où on ne pouvait pas t'empêcher d'aller courir très loin sans que tu t'arrêtes. Maman était folle d'inquiétude. Elle l'est, aujourd'hui, pour toi. Dis-lui qu'elle va te manquer. Ose lui dire. Je suis sûre que ça lui fera plaisir.

Une dernière chose : là où tu iras, tu vas voir, ce n'est pas comme à la maison. Ne les laisse pas te dire que tu ne le mérites pas ou que tu n'y arriveras pas. Tu es à ta place et je suis fière de toi, quoi qu'il arrive. Je ne voulais pas te dire un simple au revoir sur un pense-bête.

53 ANS

AMÉLIE SARN

Mon corps,

Tu as 50 ans et tu es en chantier. Pas à cause de la ménopause, non. Ni de mes rides ou de ma taille qui s'est épaissie. Pas non plus parce que j'aurais décidé de te confier aux mains d'un chirurgien pour te rafistoler. Non. Tu es en chantier, parce que j'apprends à t'aimer.

Jusqu'à aujourd'hui, je ne te voyais
qu'à travers les yeux de ceux qui me regardaient.
Les regards critiques, les autres désireux.
Je ne t'aimais que si ces yeux te caressaient.
Tu, je, étais à la merci de l'appétit d'autrui.

Mon pauvre corps !

Ce serait oublier toutes les fois où je t'ai haï
à cause de ces regards d'envies.

Envies de te posséder, de te dompter,
de t'assagir, de t'empiéter, de t'asservir.

Tu n'es pas d'accord, mon corps. Tu me dis que j'oublie toutes les fois où tu as partagé, chanté, exulté et joui.

C'est vrai, je les oublie. Ces souvenirs se sont noyés dans l'étang-miroir déformant de toutes les fois où tu as eu mal, où tu t'es perdu pour ne pas te retrouver au complet, où l'on t'a menti, où l'on a triché, où l'on s'est servi de toi sans vergogne, où l'on t'a moqué, où l'on t'a un peu tué.

Où tu n'étais qu'un objet.

Aujourd'hui, j'ai 50 ans et je commence seulement à t'aimer. À t'aimer pour toi, tel que tu es, sans avoir à te tordre, te cacher, te modifier, te maquiller, t'enserrer, te sangler, t'étrangler.

À aimer ce ventre fromage blanc, ces seins un peu tombants. À aimer ces mollets que j'ai toujours trouvés trop épais et ces cuisses veinées. À t'aimer, toi. Tel que tu es.

Oh, bien sûr, rien d'évident. C'est long cinquante ans. Mais j'apprends.

Tu es comme un roman inachevé. Un roman sur lequel on travaille assidument. Que l'on écrit, que l'on relit. Que l'on ne montre pas, pas encore, pour ne pas être influencé. Un roman dont l'histoire est précieuse, sur laquelle on ne peut plus risquer de se tromper, dont les mots peuvent encore se briser. Si facilement. C'est fragile, un chantier.

Mais dans chantier, il y a chant. Et ce chant, mon corps et moi nous l'adressons, à vous toutes mes petites sœurs, qui ces dernières années, nous ont tant apporté. Vous, jeunes femmes, qui vous battez pour enfin respirer et laisser respirer vos poils, vos seins, vos vergetures, vos kilos, vos fesses, vos hanches et la manière dont vous les habillez. Oui, par votre beauté, votre gravité, votre légèreté, vous nous avez libérés.

Alors, tu vois, mon corps, aujourd'hui, nous avons 50 ans et ce n'est que le commencement.

Amélie Sarn

16 ANS

MANON SAINTE-ROSE-FRANCHINE

Chers, ou pas, chromosomes XY,

Je ne vous remercie vraiment pas de m'avoir abîmée. À cause de vous, j'ai ressenti le pire. J'ai beau me dire que j'ai peut-être mal choisi mes amants, la douleur ne s'efface pas pour autant.

Certains d'entre vous sont des menteurs et des manipulateurs, ce qui a le don de me faire vous détester. D'autres pensent que je suis un objet et que mon corps doit subir vos émois. Chaque fois que je vois ces cicatrices sur mon bras, ça me rappelle à quel point ça n'a pas été facile. Ce qui s'est passé est écrit, encré, tatoué à l'encre noire sur mon corps.

J'ai toujours en mémoire ton visage satisfait comme si tu étais fier de ce qui s'était passé. Bien évidemment, tu ne t'es pas gêné pour tout raconter, tes amis sont au courant des moindres détails de tes vices. Mais tu t'es bien gardé de partager avec eux le moment où mes yeux se sont remplis de larmes. Et celui où mes mains et ma mâchoire se sont crispés, où mon corps recroquevillé t'a refusé l'accès à mon intimité. Le sol inondé de mes larmes rouge sang. Maintenant, « je ne pleure que de l'intérieur pour que mes soucis se noient », comme l'a dit Damso.

« Non ! » Voilà la phrase que je voulais te hurler au visage. Trois malheureuses lettres. Une simple syllabe que je n'ai pas eu la force de prononcer. Un seul mot qui me brûlait les lèvres : « Arrête ! »

J'ai longtemps pensé que c'était ma faute, que j'étais la seule responsable. Que j'avais certainement dû faire ou dire quelque chose qui t'avait laissé croire que tu pouvais le faire. Un sourire mal interprété, un regard compris de travers. La source du problème ? Je pensais que c'était moi.

Et puis, un jour, j'ai rencontré cet homme, qui a tout changé. Il sentait que quelque chose n'allait pas et quand je lui ai tout raconté, il m'a dit ces mots, ce que j'avais besoin d'entendre. Il m'a dit : « Ce n'est pas ta faute, tu n'as rien à te reprocher, TU es la victime. »

Il m'a expliqué que pour lui, je suis une vraie battante, je suis courageuse, je mérite une putain de médaille pour tout ce que j'ai réussi à faire depuis ça. J'ai travaillé tellement dur pour en arriver là où je suis. Tu n'imagines même pas un dixième de la souffrance que j'ai endurée. Le temps qu'il m'a fallu pour guérir de mes blessures. Les traumas que tu m'as créés, l'état dans lequel tu m'as laissée... déplorable.

Tout ce que j'ai acquis aujourd'hui, c'est grâce à moi et à moi seule. Parce que j'ai travaillé sur moi. Je ne suis peut-être pas indispensable, mais je suis une fille unique qui en a bavé et s'est relevée. Je suis unique parce que j'ai en ma possession quelque chose, ou plutôt quelqu'un, que les autres ne peuvent pas atteindre... moi !

Je suis toujours là pour moi, je n'ai pas le droit de m'abandonner. Si j'abandonnais, ce serait comme te laisser gagner. Quand il n'y aura plus personne pour moi, JE serai là.

Alors, va te faire foutre ! Toi, le garçon, tu ne comprendras jamais le mal-être que je ressens quand tu t'approches de moi, tes mains qui s'emparent de mon corps, avoir l'impression que ça dure une éternité, que ça ne s'arrêtera jamais. Toi, le garçon, tu m'as blessée. Je ne sais même pas pourquoi je perds mon temps à t'écrire ces mots. Peut-être qu'au fond de moi, je garde quand même un peu d'espoir que tu comprennes qu'une relation ou un toucher non consentis peuvent gâcher l'entièreté d'une vie.

J'ai envie de continuer à te parler de lui. L'homme qui m'a aidée à me sauver, celui qui m'a aidée à reconstruire tout ce que tu as détruit. Mais, tu sais quoi ? ça a fait de moi celle que je suis à présent.

Alors non, je ne te dis pas merci, je me remercie de ne pas m'être abandonnée et je le remercie, lui,

lui qui me redonne confiance en l'humanité. Un homme, un vrai.

Tu as fait semblant de m'aimer pour que je te fasse confiance et pour que je baisse ma garde. Eh bien, bravo à toi, ça a fonctionné ! Toutes mes félicitations ! En plus d'être un violeur, tu es un menteur et un manipulateur, tu peux t'applaudir. Tu as brisé, sali et fait pleurer une femme. Tu l'as poussée à des envies, des pensées sombres, le genre qu'on ne crie pas sur tous les toits. Tu as pris mon honneur et ma dignité. Tu peux être fier de toi. Tu es vraiment irresponsable et immature. Tu ne te rends pas compte que tes actes engendrent des conséquences qui peuvent être graves, vraiment graves. Ça peut amener au suicide, à des problèmes de santé mentale ou physique. J'espère que tu t'assagiras avec le temps et qu'avec le recul, tu te rendras compte de la gravité de tes agissements.

J'arrive à la fin de ma lettre et crois-moi, je vais profiter de ce qui m'attend et en savourer chaque minute, chaque seconde, et vous laisser, toi, tes démons et ta conscience, si tu en as une, vu ce que tu es capable de faire.

Mon corps n'est pas à ta disposition.

Puisse cette lettre, j'espère, t'ouvrir les yeux et t'apprendre une chose ou deux.

À jamais,[...]

Manon Sainte-Rose-Franchine

IL
FAUT

ENFIN
QUE

JE TE DISE...

Le Labo des histoires

Association loi 1901 créée en 2011, a pour vocation de donner envie d'écrire à tous les enfants, adolescents et jeunes adultes. Née du constat qu'il n'y a pas de structure ou de lieu dédié à la découverte et la pratique de l'écriture créative en France, l'association vise à faciliter l'accès à l'écriture au plus grand nombre, et à en faire un moyen d'épanouissement personnel et d'insertion sociale. Implanté dans dix régions métropolitaines et ultramarines, le Labo des histoires organise chaque année plus de 2 500 ateliers d'écriture en partenariat avec des structures des champs éducatif, culturel et social. Le Labo des histoires développe également des ressources et des formations à l'animation d'ateliers d'écriture créative et organise des appels à textes nationaux et internationaux.

labo
des histoires

Le projet
IL FAUT ENFIN QUE JE TE DISE…

En partenariat avec Le Seuil Jeunesse, le Labo des histoires a coordonné une nouvelle fois la mise en place de soixante-dix ateliers d'écriture créative animés par les auteurs et autrices participant au projet auprès de plus de cent jeunes accueillis par des structures des champs social, médico-social, éducatif et de l'insertion professionnelle. C'est le deuxième projet de cette envergure mené par la maison d'édition et l'association. Un premier recueil, *« Cher.e moi… »* est paru au Seuil en 2022 à l'issue d'ateliers d'écriture menés entre janvier et mai 2022 :

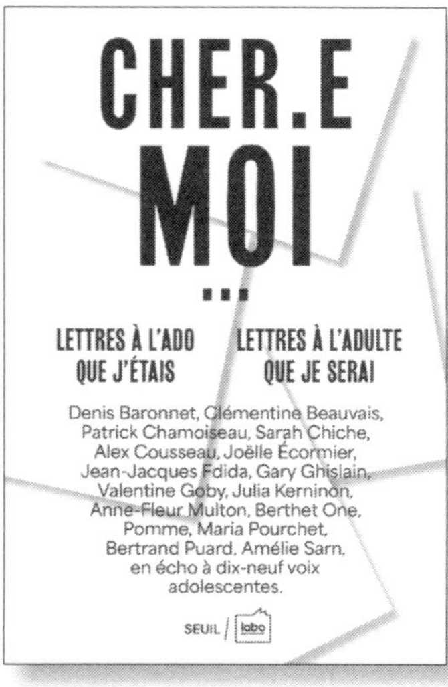

Dans les **Hauts-de-France**, Denis Baronnet est intervenu auprès de jeunes œuvrant au sein du Labo 148. Les ateliers étaient accompagnés par Sheerazad Chekaik-Chaila, Julien Pitinome, Ute Sperrfechter. Les ateliers ont eu lieu à la Condition Publique, à Roubaix.
Denis Baronnet est également intervenu auprès de jeunes suivis dans le service de pédopsychiatrie du CHU de Lille. Les ateliers étaient accompagnés par le personnel du CHU Justine Caillet, Caroline Thilly, Mélanie Loriot, Karine Fraysse, Anne Switonski. Les ateliers ont eu lieu à l'hôpital de jour de l'Odyssée à l'espace Montebello.

Dans la région **Grand Est**, Philippe Lechermeier est intervenu auprès des Apprentis d'Auteuil du dispositif La Touline, qui accompagne les jeunes sortis de la protection de l'enfance dans leur insertion professionnelle. Les ateliers étaient suivis par Aude Charles, Sadia Merimeche, Mathieu Fenech, Laetitia Ercker, Catherine Dumortier.

En **Nouvelle Aquitaine**, Amélie Sarn est intervenue au sein du lycée François-Mauriac, de Bordeaux auprès de jeunes volontaires de la maison des lycéens et des jeunes allophones du lycée (UPE2A). Les classes UPE2A sont dédiées aux élèves arrivés sur le territoire français depuis peu. Les ateliers étaient accompagnés par Édith Brunel, professeure au lycée.

En **Normandie**, Dorothée Piatek est intervenue auprès des jeunes la mission locale de Rouen. Les ateliers étaient accompagnés par Aurélie Delahaye, Gwenaelle Poitevin, Nadja Medjani, conseillères CEJ à la mission locale de Rouen, avec le soutien de Sonia David, directrice adjointe de la mission locale.

En **Île-de-France**, Gary Ghislain est intervenu auprès de la 11e promotion des parcours d'excellence de l'association EIAPIC, à Mantes-la-Jolie. Les ateliers étaient accompagnés par Farida El Mir, Responsable des programmes.
Gary Ghislain est également intervenu à **Paris** auprès de jeunes patients en pédopsychiatrie, collégiens et lycéens scolarisés au sein du centre scolaire hospitalier Georges-Heuyer à la Pitié-Salpêtrière. Les ateliers étaient accompagnés par Fadela Adilat, Françoise Frenet-Gastard, Valérie Millet, Marie-Laure Ribeiro et Karolina Rozalska. Ils ont eu lieu en partenariat avec la médiathèque des patients et du personnel.

En **Seine-Saint-Denis**, Béatrice Fontanel est intervenue auprès de jeunes de l'hôpital de jour pour adolescents L'Entracte, de l'hôpital Avicenne de Bobigny. Les ateliers étaient accompagnés par Michèle Sawaya, Nancy Andrieu, Mohammad Mouma et Marc Colaciuri. Les ateliers ont eu lieu à l'hôpital de jour pour adolescents L'Entracte.

En **Martinique**, Michael Roch est intervenu au sein du lycée Schoelcher auprès de jeunes de seconde générale. Les ateliers étaient accompagnés par M. Kevy Sillon.

Les lettres publiées dans l'ouvrage sont issues d'une sélection des lettres écrites dans le cadre des ateliers. Ont participé à ceux-ci :

Mélissa
Lenny
Enzo Leca
Enzo Kraemer
Sara
OSDC
Bastien
Namiranda Hoyd
Eliwan
Félicité
Flora
Julie
Karell
Lélia
Maria
Maxime
Mélanie
Roxane Cambillau
Manel Bellajrou
Adam Hassi
Hamza Sefa Metin
Keyla Nongni
Nohayla Rachak
Hamdou Sall
Oumoukoursoum Sy
Wail Zaitar

Queen of Devils
Denisa
Léonie
Ndeye Farma Diop
Victor Coelho
Miracle Ebinum
Eve Sanchez
Sema Canli
Courgette
Spaghetti
Aurore
Brice
Clémentine
Ilja
Jackie
Jocelyn
Lucas
Valentin
Alexandru
Youri Annette
Swan Argentin
Nayah Baulard
Dayana Bonose
William Bruot
Lou Crochemar-Sorel
Benjamin Exurville Parsemain
Léa Fanny
Louna Gabriel-Regis
Maïnou Genteuil
So-Alia Germany
Hugo Greuez
Ludvensia Patrice

Manon Sainte-Rose-Franchine

Maurane Laloupe

Mikail Salloum

Mounajah Lorne-Relouzat

Nayah Baulard

Shayna Xavier

Sloane Morand

Yohan Marc

Alick Sorier-Lucea

Ben Wakil Youssouf Aboudou

Morane Munier

Harry

Sophia

Juju

Lina

Stefania

Fei

Martin

Caroline

Dakhwaz

É

Auguste Thieffry

Balthazar Pietrzak

Dalva Bouvard

Juliette Dufour

Radhia Benhafnaoui

Sedjro Boton

Anais Prugnaud

Lou Destailleur

Amel Boulouiz

Lina Moussa

F.D.

Miss Cat.

RAT

Certains jeunes ont préféré apparaître sous un pseudonyme ou ne pas être mentionnés.

Remerciements

Les équipes du Seuil Jeunesse et du Labo des histoires tiennent à remercier chaleureusement l'ensemble des partenaires du projet : les auteurs et les autrices pour leur implication, leur disponibilité et leur enthousiasme ; les structures d'accueil des jeunes et les encadrants pour leur engagement ; les établissements et structures qui ont accueilli les ateliers et ont su créer ces espaces d'échange bienveillants.

Merci à nos partenaires financiers pour leur confiance, ils ont rendu ce projet possible : le Centre national du livre qui a cofinancé ce projet, la Fondation Orange et la Fondation La Poste. Enfin, merci à tous les jeunes, participants des ateliers, de nous avoir transmis cette partie de vous, si précieuse. En espérant que vous garderez toujours le goût de la lecture et de l'écriture créative.

LE LABEL YLIGA

C'est une initiative portée par plusieurs maisons d'édition, qui souhaitent faire de ce label une marque de fabrique et de traçabilité d'ouvrages édités de façon la plus respectueuse possible de l'environnement.

On ne peut pas vous promettre le « zéro déchet » ou le « zéro pollution » mais on vous propose des ouvrages plus éco-responsables. Une nouvelle manière de lire le monde grâce à nous tous, éditeurs, auteurs, imprimeurs, distributeurs, libraires, lecteurs.

Parce que le livre doit servir la planète sans l'abîmer !

- Des livres qui traitent d'environnement, de bien-être, de « bien-manger », de conscience écologique, sociale et politique, des livres pour les adultes et pour les enfants, des livres qui donnent du sens en plaçant notre planète au cœur de notre quotidien, de notre réflexion.
- **Moins de papier :** des formats d'ouvrage choisis pour leur très faible gâche de matière.
- **Un papier certifié** aux normes environnementales FSC et PEFC (des écolabels garantissant une gestion durable des forêts).
- **Moins de produits chimiques :** utilisation d'encres végétales, absence de vernis et de pelliculage issu de la pétrochimie.
- **Pas de couverture cartonnée ni de film plastique** protégeant les ouvrages.
- **Impression simultanée** des couvertures d'ouvrages de même format.
- **Impression à moins de 1000 km** de nos entrepôts. Pas d'impression en Asie, pas de transport aérien.
- **Des process repensés :** suppression des tirages papier pour contrôler les étapes de fabrication avec le photograveur et l'imprimeur, facturation 100 % numérique, diminution des services de presse papier, une communication essentiellement numérique.

* Yliga, pourquoi ce nom ? C'est le nom, en langue moré, d'un arbre aux vertus médicinales qui vit entre le Sahara et l'Afrique tropicale et qui, comme d'autres essences, a su s'épanouir dans des conditions environnementales difficiles. Il est, pour nous, un symbole de l'adaptation nécessaire et possible, de même qu'un exemple d'exploitation vertueuse des ressources naturelles.